中华人民共和国
反不正当竞争法

注释本

法律出版社法规中心 编

·北京·

图书在版编目（CIP）数据

中华人民共和国反不正当竞争法注释本／法律出版社法规中心编. --4 版. --北京：法律出版社，2025. (法律单行本注释本系列). -- ISBN 978-7-5244-0498-9

Ⅰ. D922.294.5

中国国家版本馆 CIP 数据核字第 2025HM6331 号

中华人民共和国反不正当竞争法注释本
ZHONGHUA RENMIN GONGHEGUO
FANBUZHENGDANG JINGZHENGFA
ZHUSHIBEN

法律出版社法规中心 编

责任编辑 陶玉霞
装帧设计 李 瞻

出版发行	法律出版社	开本	850 毫米×1168 毫米 1/32
编辑统筹	法规出版分社	印张 6.25	字数 150 千
责任校对	张红蕊	版本	2025 年 8 月第 4 版
责任印制	耿润瑜	印次	2025 年 8 月第 1 次印刷
经　销	新华书店	印刷	河北晔盛亚印刷有限公司

地址：北京市丰台区莲花池西里 7 号(100073)
网址：www.lawpress.com.cn　　　　　销售电话;010-83938349
投稿邮箱：info@lawpress.com.cn　　　客服电话;010-83938350
举报盗版邮箱：jbwq@lawpress.com.cn　咨询电话;010-63939796
版权所有·侵权必究

书号:ISBN 978-7-5244-0498-9　　　　定价:20.00 元

凡购买本社图书，如有印装错误，我社负责退换。电话:010-83938349

编辑出版说明

现代社会是法治社会，社会发展离不开法治护航，百姓福祉少不了法律保障。遇到问题依法解决，已经成为人们处理矛盾、解决纠纷的不二之选。然而，面对纷繁复杂的法律问题，如何精准、高效地找到法律依据，如何完整、准确地理解和运用法律，日益成为人们"学法、用法"的关键所在。

为了帮助读者快速准确地掌握"学法、用法"的本领，我社开创性地推出了"法律单行本注释本"系列丛书。本丛书自首次出版至今已十余年，历经多次修订完善，现已出版近百个品种，涵盖了社会生活的重要领域，已经成为广大读者学习法律、应用法律之必选图书。

本丛书具有以下特点：

1. 出版机构权威。成立于1954年的法律出版社，是全国首家法律专业出版机构，始终秉承"为人民传播法律"的宗旨，完整记录了中国法治建设发展的全过程，享有"社会科学类全国一级出版社""全国百佳图书出版单位"等荣誉称号。

2. 编写人员专业。本丛书皆由相关法律领域内的专业人士编写，确保图书内容始终紧跟法治进程，反映最新立法动态，体现条文本义内涵。

3. 法律文本标准。作为专业的法律出版机构，多年来，我社始终使用全国人民代表大会常务委员会公报刊登的法律文本，积淀了丰富的标准法律文本资源，并根据立法进度及时更新相关内容。

4.条文注释规范。本书对每个条文提炼条文主旨，并对每个条文进行注释，使读者能精准掌握立法意图，轻松理解条文内容。

5.关联法规全面。本书收录常用法律法规、部门规章等，方便读者快速找到相关联的法规，使全书更为实用。

6.关联案例精准。本书收录最高人民法院、国家市场监管总局发布的相关典型案例，提供法律实务参考。

7.新旧对照清晰。本书特设双栏新旧条文对照表，增、删、改规定醒目标出，让读者精准把握新旧条文变化的内容。

需要说明的是，本丛书中"条文主旨""条文注释"等内容皆是编者为方便读者阅读、理解而编写，不同于国家正式通过、颁布的法律文本，不具有法律效力。本丛书不足之处，恳请读者批评指正。

我们用心打磨本丛书，以期待为法律相关专业的学生释法解疑，致力于为每个公民的合法权益撑起法律的保护伞。

法律出版社法规中心

2025年8月

目 录

《中华人民共和国反不正当竞争法》适用提要 …………… 1

中华人民共和国反不正当竞争法

第一章 总则 ……………………………………… 7
　第一条 立法目的 ………………………………… 7
　第二条 原则与定义 ……………………………… 9
　第三条 总体要求与制度保障 …………………… 10
　第四条 各级政府职责 …………………………… 11
　第五条 监督检查部门 …………………………… 12
　第六条 社会监督 ………………………………… 13
第二章 不正当竞争行为 ………………………… 14
　第七条 禁止混淆行为 …………………………… 14
　第八条 禁止商业贿赂 …………………………… 17
　第九条 禁止虚假宣传 …………………………… 19
　第十条 禁止侵犯商业秘密 ……………………… 21
　第十一条 禁止不正当有奖销售 ………………… 23
　第十二条 禁止商业诋毁 ………………………… 25
　第十三条 网络不正当竞争行为的规制 ………… 27
　第十四条 禁止平台低价倾销 …………………… 30
　第十五条 禁止滥用市场优势地位拖欠中小企

业账款 ·· 30
第三章　对涉嫌不正当竞争行为的调查 ············ 32
　第十六条　调查措施、程序和规则 ················ 32
　第十七条　配合调查义务 ·························· 35
　第十八条　约谈制度 ································ 35
　第十九条　保密义务 ································ 36
　第二十条　举报制度 ································ 37
　第二十一条　对平台不正当竞争行为的监管 ········ 38
第四章　法律责任 ·· 39
　第二十二条　不正当竞争行为的民事责任 ·········· 39
　第二十三条　混淆行为的行政责任 ················ 41
　第二十四条　商业贿赂的行政责任 ················ 44
　第二十五条　虚假宣传的行政责任 ················ 45
　第二十六条　侵犯商业秘密的行政责任 ············ 46
　第二十七条　违法有奖销售的行政责任 ············ 47
　第二十八条　商业诋毁的行政责任 ················ 48
　第二十九条　网络不正当竞争行为的行政责任 ······ 49
　第三十条　平台经营者低价倾销的法律责任 ········ 50
　第三十一条　滥用市场优势地位的法律责任 ········ 51
　第三十二条　从轻、减轻或者不予行政处罚 ········ 51
　第三十三条　信用惩戒 ···························· 52
　第三十四条　民事责任优先 ························ 53
　第三十五条　拒绝、阻碍调查的行政责任 ·········· 54
　第三十六条　对决定不服的救济途径 ·············· 55
　第三十七条　监督检查部门工作人员的行政责任 ······ 55

第三十八条　治安处罚与刑事责任 …………… 56
　　第三十九条　举证责任的转移 ………………… 58
第五章　附则 …………………………………………… 59
　　第四十条　境外适用效力 ……………………… 59
　　第四十一条　施行日期 ………………………… 59

附录一　新旧对照

《中华人民共和国反不正当竞争法》新旧条文对照表
……………………………………………………… 61

附录二　相关法规

中华人民共和国反垄断法(2022.6.24 修正) ………… 76
中华人民共和国消费者权益保护法(2013.10.25 修正)
……………………………………………………… 91
中华人民共和国商标法(节录)(2019.4.23 修正) …… 105
中华人民共和国广告法(节录)(2021.4.29 修正) …… 107
中华人民共和国电子商务法(节录)(2018.8.31) …… 110
企业信息公示暂行条例(2024.3.10 修订) …………… 121
保障中小企业款项支付条例(2025.3.17 修订) ……… 127
网络反不正当竞争暂行规定(2024.5.6) ……………… 136
规范互联网信息服务市场秩序若干规定(2011.12.29)
……………………………………………………… 147
规范促销行为暂行规定(2020.10.29) ………………… 152
最高人民法院关于审理侵犯商业秘密民事案件适用
　法律若干问题的规定(2020.9.10) ………………… 158

最高人民法院关于适用《中华人民共和国反不正当竞争法》若干问题的解释(2022.3.16) …………… 165

附录三 典型案例

最高人民法院发布反垄断和反不正当竞争典型案例
（2024.9.11） ………………………………………… 172
市场监管总局公布五起网络不正当竞争典型案例
（2025.6.27） ………………………………………… 186

《中华人民共和国反不正当竞争法》适用提要

竞争是市场经济最基本的运行机制。在我国市场经济日趋活跃的情况下，市场经营活动中出现了许多不正当的竞争行为，严重危害了公平竞争秩序，损害了有关经营者的利益。因此，制定一部有关反不正当竞争的法律，对于维护社会主义市场经济秩序、鼓励和保护公平竞争、制止不正当竞争行为、保障经营者的合法权益具有十分重要的意义。1993年9月2日，第八届全国人民代表大会常务委员会第三次会议审议并通过了《反不正当竞争法》[①]。

2017年11月4日，第十二届全国人民代表大会常务委员会第三十次会议对《反不正当竞争法》进行修订，这是《反不正当竞争法》自1993年实施以来的第一次修订。此次修订进一步界定不正当竞争行为，针对新业态和新的商业模式，根据治理商业贿赂、保护商业秘密和适应互联网领域反不正当竞争的需要，补充完善了相关规定，理顺了与相关法律制度的关系，明确了民事赔偿责任优先的原则，加大了行政处罚的力度，增加

---

① 为方便读者阅读，本书中的法律法规名称均使用简称。

了违法行为人的信用惩戒。

2019年4月23日，第十三届全国人民代表大会常务委员会第十次会议通过《关于修改〈中华人民共和国建筑法〉等八部法律的决定》，对《反不正当竞争法》的部分条款作了修改。此次修改进一步完善了商业秘密的定义，明确了侵犯商业秘密的情形，扩大了侵犯商业秘密责任主体的范围，强化了侵犯商业秘密行为的法律责任，并对侵犯商业秘密的民事审判程序中举证义务的转移作出了规定。

2025年6月27日，第十四届全国人民代表大会常务委员会第十六次会议对《反不正当竞争法》进行第二次修订，新修订的《反不正当竞争法》明确了反不正当竞争的总体要求，将"预防"不正当竞争行为增加为立法目的；从正面强调经营者应当"公平参与市场竞争"；明确反不正当竞争工作应当坚持中国共产党的领导。此次修订，完善了不正当竞争行为的相关规定。一是完善规制混淆行为的情形。规定经营者不得擅自使用他人有一定影响的新媒体账号名称、应用程序名称或者图标，或是擅自将他人商品名称、企业名称等设置为搜索关键词，引起混淆；经营者不得帮助他人实施混淆行为。二是强化商业贿赂治理。坚持行贿受贿一起查，在现行禁止实施贿赂规定的基础上，增加单位和个人不得在交易活动中收受贿赂的规定。三是完善网络不正当竞争监管制度。规定平台经营者应当在平台服务协议和交易规则中明确平台内公平竞争规则，及时采取必要措施制止平台内经营者不正当竞争行为。经营者不得利用数据和算法、技术、平台规则等实施有关不正当竞争行为。同时，此次修订，还完善了虚假宣传、不正当有奖销售、商业诋毁、滥用优势地位损害中小企业合法权益等行为的相关规定。

修订后的《反不正当竞争法》共41条,主要包括以下内容:

一、关于不正当竞争行为

《反不正当竞争法》第2章规定了九种不正当竞争行为:

1. 混淆行为:擅自使用与他人有一定影响的商品名称、包装、装潢等相同或近似的标识;擅自使用他人有一定影响的名称、姓名;擅自使用他人有一定影响的域名主体部分、网站名称、网页、新媒体账号名称、应用程序名称或图标,等等。

2. 商业贿赂行为:经营者采用给予财物或者其他手段贿赂交易相对方的工作人员等单位或者个人,以谋取交易机会或者竞争优势。

3. 虚假宣传行为:经营者对其商品的性能、功能、质量、销售状况、用户评价、曾获荣誉等作虚假或者引人误解的商业宣传,欺骗、误导消费者和其他经营者;经营者通过组织虚假交易、虚假评价等方式,帮助其他经营者进行虚假或者引人误解的商业宣传。

4. 侵犯商业秘密行为:以盗窃、贿赂、欺诈、胁迫、电子侵入或者其他不正当手段获取权利人的商业秘密;披露、使用或者允许他人使用以前述手段获取的权利人的商业秘密,等等。

5. 不正当有奖销售行为:所设奖的种类、兑奖条件、奖金金额或者奖品等有奖销售信息不明确,影响兑奖;有奖销售活动开始后,无正当理由变更有奖销售信息;采用谎称有奖或者故意让内定人员中奖等欺骗方式进行有奖销售;最高奖金额超过5万元的抽奖式有奖销售。

6. 商业诋毁行为:编造、传播或指使他人编造、传播虚假信息或误导性信息,损害其他经营者的商业信誉、商品声誉。

7.网络不正当竞争行为:利用数据和算法、技术、平台规则等实施有关不正当竞争行为;以欺诈、胁迫、避开或者破坏技术管理措施等不正当方式,获取、使用其他经营者合法持有的数据;滥用平台规则,直接或者指使他人对其他经营者实施虚假交易、虚假评价或者恶意退货等行为。

8.平台低价倾销行为:强制或者变相强制平台内经营者按照其定价规则,以低于成本的价格销售商品,扰乱市场竞争秩序。

9.滥用优势地位拖欠中小企业账款行为:大型企业等经营者滥用自身优势地位,要求中小企业接受明显不合理的付款期限、方式、条件和违约责任等交易条件,拖欠中小企业的货物、工程、服务等账款。

二、关于对涉嫌不正当竞争行为的调查

规定监督检查部门调查涉嫌不正当竞争行为可以采取多种措施,并应当依法将查处结果及时向社会公开。经营者涉嫌违反规定的,监督检查部门可以对其有关负责人进行约谈,要求其说明情况、提出改进措施。对涉嫌不正当竞争行为,任何单位和个人有权向监督检查部门举报。

三、关于不正当竞争行为的法律责任

经营者违反《反不正当竞争法》的规定,应当承担民事责任、行政责任和刑事责任,其财产不足以支付的,优先用于承担民事责任。

经营者违反规定,给他人造成损害的,应当依法承担民事责任。因不正当竞争行为受到损害的经营者的赔偿数额,按照其因被侵权所受到的实际损失或者侵权人因侵权所获得的利益确定。经营者违反规定实施混淆行为或者帮助他人实施混淆行为的，由监督检查部门责令停止违法行为，没收违法商品。违反《反不正当竞争法》规定，构成犯罪的，依法追究刑事责任。

与反不正当竞争相关的法律主要有《反垄断法》《消费者权益保护法》《广告法》《公平竞争审查条例》《网络反不正当竞争暂行规定》《最高人民法院关于审理侵犯商业秘密民事案件适用法律若干问题的规定》《最高人民法院关于适用〈中华人民共和国反不正当竞争法〉若干问题的解释》等。

中华人民共和国
反不正当竞争法

（1993年9月2日第八届全国人民代表大会常务委员会第三次会议通过 2017年11月4日第十二届全国人民代表大会常务委员会第三十次会议第一次修订 根据2019年4月23日第十三届全国人民代表大会常务委员会第十次会议《关于修改〈中华人民共和国建筑法〉等八部法律的决定》修正 2025年6月27日第十四届全国人民代表大会常务委员会第十六次会议第二次修订）

第一章 总 则

第一条 【立法目的】[①]为了促进社会主义市场经济健康发展，鼓励和保护公平竞争，预防和制止不正当竞争行为，保护经营者和消费者的合法权益，制定本法。

[①] 条文主旨为编者所加，仅供参考。下同。

条文注释

《反不正当竞争法》的立法目的主要包括：

1. 促进社会主义市场经济健康发展。本法立法的首要目的，就是通过对不正当竞争行为的规制来保障市场机制正常有效运行，促进社会主义市场经济持续健康发展。

2. 鼓励和保护公平竞争，预防和制止不正当竞争行为。本法支持、鼓励和保护经营者通过正当、合理、公平、公正的手段进行竞争，预防、制止和惩处经营者以违反公平原则和商业道德的手段进行不正当竞争。本法通过为经营者提供公平竞争的基本规则，维护公平竞争的市场秩序，从而使经营者能够在公平的环境和条件下开展竞争。2025年修订《反不正当竞争法》，首次明确将"预防"不正当竞争行为增加为立法目的。这一规定对企业提出了新的要求，企业需要建立科学的风险评估机制，加强风险前置管理，通过完善预防性合规建设，有效规避不正当竞争行为及其可能引发的品牌损失等连锁反应。

3. 保护经营者和消费者的合法权益。本法对经营者的保护是直接的，既体现在依照本法处理竞争纠纷时维护涉案经营者的合法权益，也体现在通过本法维护公平竞争的市场秩序，使经营者在公平竞争的市场环境中取得经营收益。同时，本法也保护消费者的合法权益。主要体现在通过维护公平竞争的市场秩序，降低经营者的生产经营成本和消费者购买商品时的选择成本，提高消费者福利，维护消费者权益。需要注意的是，本法主要通过规范和调整竞争关系，维护竞争秩序来实现对消费者权益的保护。

第二条 【原则与定义】经营者在生产经营活动中,应当遵循自愿、平等、公平、诚信的原则,遵守法律和商业道德,公平参与市场竞争。

本法所称的不正当竞争行为,是指经营者在生产经营活动中,违反本法规定,扰乱市场竞争秩序,损害其他经营者或者消费者的合法权益的行为。

本法所称的经营者,是指从事商品生产、经营或者提供服务(以下所称商品包括服务)的自然人、法人和非法人组织。

条文注释

本条第1款对经营者在生产经营活动中应当遵循的竞争原则作了规定。自愿原则要求经营者尊重交易相对方按照自己的意思行事的权利,不得以胁迫等手段迫使交易相对方接受违背自身意愿的交易。平等原则要求经营者尊重交易相对方的平等地位,在平等协商的基础上达成交易,不得利用自己的优势地位向对方施加不当压力。公平原则要求经营者公正、平允地确定自身及交易相对方的权利、义务、责任,各自对等,不能相差悬殊。诚信原则要求经营者秉持善意,讲诚实、重承诺、守信用,不弄虚作假、不欺骗他人。守法原则要求经营者尊法、信法、守法,依法从事生产经营活动,依法维护自身的合法权益。商业道德是从事商业活动应当遵循的道德规范,经营者应当接受商业道德规范的约束,形成良好经营作风,树立良好商业信誉。2025年修订《反不正当竞争法》,从正面强调经营者应当"公平参与市场竞争",强调公平参与竞争有助于减少无序竞争行为,激发市场活力,推动经济高质量发展。经营者在生产经营活动中违反上述原则,扰乱市场竞争秩序,损害其他经营者或者消费者权益,构成不正当竞争行为的,将依法承担相应的法律责任。

本条第2款对不正当竞争行为的定义作了规定。不正当竞争的主体是经营者,即从事商品生产、经营或者提供服务的自然人、法人和非法人组织。不正当竞争的表现形式,是经营者在生产经营活动中实施的违反本法规定、扰乱市场竞争秩序的行为。这里的"违反本法规定",既包括违反本法第2章关于不正当竞争行为的各项具体规定,又包括违反本条第1款关于竞争原则的规定。也就是说,经营者违反本法第2章的规定,实施混淆、商业贿赂、虚假宣传、侵犯商业秘密、不正当有奖销售等行为,构成不正当竞争,应当依法承担相应的责任。同时,经营者实施本法第2章明确列举之外的行为,如果属于违反本条第1款规定的诚信原则或者商业道德等,也可能构成不正当竞争,需要承担相应的责任。

本条第3款对经营者的定义作了规定。本法所规定的经营者,是指独立参与市场活动的各类主体。从主体性质上看,包括自然人、法人和非法人组织;从营业性质上看,包括生产者、经营者和服务提供者。

关联法规

《最高人民法院关于适用〈中华人民共和国反不正当竞争法〉若干问题的解释》第1~3条

第三条 【总体要求与制度保障】反不正当竞争工作坚持中国共产党的领导。

国家健全完善反不正当竞争规则制度，加强反不正当竞争执法司法，维护市场竞争秩序，健全统一、开放、竞争、有序的市场体系。

国家建立健全公平竞争审查制度，依法加强公平竞争审查工作，保障各类经营者依法平等使用生产要素、公平参与市场竞争。

【条文注释】

本条是关于反不正当竞争工作总体要求与制度保障的规定，是2025年修订《反不正当竞争法》时新增的条款。

为确保反不正当竞争工作的正确政治方向，本条明确规定，反不正当竞争工作坚持中国共产党的领导。国家通过立法和制度设计，为市场竞争提供法律保障。通过执法和司法手段，打击不正当竞争行为，维护市场秩序。

国家加强公平竞争审查工作，保障各类经营者依法平等使用生产要素、公平参与市场竞争。开展公平竞争审查，应当听取有关经营者、行业协会商会等利害关系人就公平竞争影响所提的意见。涉及社会公众利益的，应当听取社会公众意见。

【关联法规】

《公平竞争审查条例》；《公平竞争审查条例实施办法》；《电子商务法》第22条

第四条　【各级政府职责】各级人民政府应当采取措施，预防和制止不正当竞争行为，为公平竞争创造良好的环境和条件。

国务院建立健全反不正当竞争工作协调机制，协调处理维护市场竞争秩序的重大问题。

条文注释

本条第1款规定了各级人民政府制止不正当竞争行为的职责。政府负有公共服务的职能，而公共服务职能的主要方面即包括为经济发展创建良好的市场环境，维护社会主义市场经济秩序。预防和制止不正当竞争行为，有利于保障社会主义市场经济发展，有利于鼓励和保护公平竞争，有利于保护经营者和消费者的合法权益。因此，政府应当积极承担制止不正当竞争行为的职责。

本条第2款中规定了国务院建立健全反不正当竞争工作协调机制，该机制的建立有利于对反不正当竞争工作进行统筹规划。由于对不正当竞争行为的查处涉及多个部门，这既可能出现重复执法，也可能出现执法空白地带，还可能出现不同部门对不正当竞争的认定存在不同认识、在处罚标准和力度方面尺度不一等情况。为保证反不正当竞争执法的统一性、有效性，需要由国务院建立健全工作协调机制，协调相关部门的执法工作，督促各相关部门按照统一标准、程序做好反不正当竞争执法工作。同时，在对重大反不正当竞争案件的处理上，如果相关部门的意见发生分歧，可以由工作协调机制进行协调，以保证反不正当竞争执法工作的顺利进行。

第五条　【监督检查部门】县级以上人民政府履行市场监督管理职责的部门对不正当竞争行为进行监督检查；法律、行政法规规定由其他部门监督检查的，依照其规定。

条文注释

不正当竞争行为涉及面广，往往存在于多个行业、多个领域中。1993年制定《反不正当竞争法》时，考虑到我国的实际情况，按照当时的行政管理体制和部门分工，对不正当竞争行为的执法部门作了规定。实践中，除本法规定的市场监督管理部门外，另有一些法律、行政法规授权其他部门监督检查部分不正当竞争行为，主要包括：国家金融监督管理总局、中国证券监督管理委员会、文化和旅游部、财政部、民政部等。

关联法规

《商业银行法》第74条；《保险法》第116条；《证券法》第29条；《政府采购法》第77条；《电影产业促进法》第51条；《电信条例》第41、71条。

第六条 【社会监督】国家鼓励、支持和保护一切组织和个人对不正当竞争行为进行社会监督。

国家机关及其工作人员不得支持、包庇不正当竞争行为。

行业组织应当加强行业自律，引导、规范本行业的经营者依法竞争，维护市场竞争秩序。

条文注释

国家鼓励、支持和保护一切组织和个人对不正当竞争行为进行社会监督。这里的"社会监督"，包括经营者、消费者的监督，行业组织的监督，新闻舆论的监督等。社会监督的方法主要包括披露、举报、控告、起诉等。无论何种形式的社会监督，都应予以鼓励、支持和保护。

本条第2款是针对国家机关及其工作人员的禁止性规

定。各级、各类国家机关及其工作人员，应当带头尊法、守法，不得支持、包庇不正当竞争行为。国家机关工作人员如有支持、包庇不正当竞争行为的，应当依法给予处分；构成犯罪的，应当依法追究刑事责任。

本条第3款对发挥行业组织在反不正当竞争方面的自律管理作用作了规定。行业组织是由同一行业经营者组成，以保护和增进全体会员的共同利益为目的，根据章程开展活动的非营利性社会团体。随着政府职能的进一步转变，行业组织作为中介组织和自律性行业管理组织，在促进社会主义市场经济健康发展中的作用越来越突出。行业组织应当健全各项自律性管理制度，制定并组织实施行业职业道德准则，推动行业诚信建设，依照章程的规定引导、规范本行业的经营者依法开展公平有序竞争，维护公平竞争的市场环境。

第二章　不正当竞争行为

第七条 【禁止混淆行为】经营者不得实施下列混淆行为，引人误认为是他人商品或者与他人存在特定联系：

（一）擅自使用与他人有一定影响的商品名称、包装、装潢等相同或者近似的标识；

（二）擅自使用他人有一定影响的名称（包括简称、字号等）、姓名（包括笔名、艺名、网名、译名等）；

（三）擅自使用他人有一定影响的域名主体部分、网站名称、网页、新媒体账号名称、应用程序名称或者图标等；

(四)其他足以引人误认为是他人商品或者与他人存在特定联系的混淆行为。

擅自将他人注册商标、未注册的驰名商标作为企业名称中的字号使用,或者将他人商品名称、企业名称(包括简称、字号等)、注册商标、未注册的驰名商标等设置为搜索关键词,引人误认为是他人商品或者与他人存在特定联系的,属于前款规定的混淆行为。

经营者不得帮助他人实施混淆行为。

条文注释

适用本条关于禁止混淆行为的规定,需要把握以下要点:

1. 实施混淆行为的主体是经营者。本条所称的"经营者",包括从事商品生产、经营或者提供服务的自然人、法人和非法人组织。

2. 被混淆对象是有一定影响的标识。本条规定的被混淆对象主要包括以下几类:(1)商品标识。即他人有一定影响的商品名称、包装、装潢等标识。其中既包括使用与他人标识完全相同的标识,也包括使用与他人标识近似的标识;既包括商品标识,也包括服务标识;既包括明确列举的商品名称、包装、装潢,也可以视具体情况包括未明确列举的他人商标、商品形状等。(2)主体标识,包括名称及其简称、字号等,姓名及其笔名、艺名、网名、译名等。(3)网络活动中的一些特殊标识,如他人有一定影响的域名主体部分、网站名称、网页、新媒体账号名称、应用程序名称或者图标等。需要特别强调的是,本条规范的是经营者的不正当竞争行为,经营者用于实施混淆行为的标识应当是用于生产经营活动的商业标识,但是,本条并未要求被混淆对象一定是商业标识,即经营者既不能仿冒他人用于生产经营活动的有一定影响的标识,也不能仿冒他人虽未用于生产经营活动但也有一定影响的标识(如公益网站名称)。为规范今后可能出现的其他混淆行为,本条还规定了兜底条款,即"其他足以引人误认为是他人商品或者与他人存在特定联系的混淆行为",其中特别强调适用兜底条款应当慎重,即仅在其行为"足以"引人误认为是他人商品或者与他人存在特定联系时,才构成本条规定的混淆行为。

3. 从事混淆行为的方式是"擅自使用"。首先,"擅自使用"是指未经权利人同意的使用。如果经权利人同意后使用,则不构成混淆行为。例如,通过签订协议取得商业标识使用权,通过赞助取得社会组织的冠名授权,请明星代言等。其次,"擅自使用"不限于以相同或者近似的方式使用。例如,不仅将他人有一定影响的商品名称用作自己的商品名称可能构成混淆行为,将他人有一定影响的商品名称用作自己的字号也可能构成混淆行为。

4. 混淆结果是引人误认为是他人商品或者与他人存在特定联系。是否混淆,最终要从结果上进行判断。混淆的结果包括两种:一种是商品来源混淆,即将经营者的商品误认为是他人商品;另一种是特定联系混淆,即误认为该经营者或者其商品与被混淆对象存在商业联合、许可使用、商业冠名、广告代言等特定关系。

需要注意的是,为完善关于混淆类不正当竞争行为的规定,2025年修订《反不正当竞争法》时新增本条第2款、第3

款内容。首先,为做好与《商标法》的衔接,明确规定:擅自将他人注册商标、未注册的驰名商标作为企业名称中的字号使用,引人误认为是他人商品或者与他人存在特定联系的,属于混淆行为;其次,为规范对搜索关键词的使用,规定将他人商品名称、企业名称(包括简称、字号等)、注册商标、未注册的驰名商标等设置为搜索关键词,引人误认为是他人商品或者与他人存在特定联系的,属于混淆行为。同时,本条第3款明确规定:经营者不得帮助他人实施混淆行为。

关联法规

《商标法》第13、57、58条;《产品质量法》第5、30、31、38条;《消费者权益保护法》第56条;《最高人民法院关于适用〈中华人民共和国反不正当竞争法〉若干问题的解释》第4~14、25条

第八条 【禁止商业贿赂】经营者不得采用给予财物或者其他手段贿赂下列单位或者个人,以谋取交易机会或者竞争优势:

(一)交易相对方的工作人员;

(二)受交易相对方委托办理相关事务的单位或者个人;

(三)利用职权或者影响力影响交易的单位或者个人。

前款规定的单位和个人不得收受贿赂。

经营者在交易活动中,可以以明示方式向交易相对方支付折扣,或者向中间人支付佣金。经营者向交易相对方支付折扣、向中间人支付佣金的,应当如实入账。接受折扣、佣金的经营者也应当如实入账。

经营者的工作人员进行贿赂的,应当认定为经营者的行为;但是,经营者有证据证明该工作人员的行为与为经营者谋取交易机会或者竞争优势无关的除外。

条文注释

适用本条关于禁止商业贿赂的规定,需要把握以下要点:

1. 实施商业贿赂的主体是经营者。需要特别强调的是,不但经营者本人直接实施的商业贿赂行为应当适用本条的规定,而且经营者通过其工作人员实施的商业贿赂行为,也应当认定为经营者的行为。

2. 实施商业贿赂的目的是谋取交易机会或者竞争优势。只有以谋取交易机会或者竞争优势为目的实施的贿赂行为,才可能构成本法调整的商业贿赂行为,这是商业贿赂区别于一般贿赂的本质特征。

3. 商业贿赂的手段既包括给予财物,也包括其他手段。无论是给予财物,还是其他手段,只要对受贿人有价值,都可能被用于进行商业贿赂。商业贿赂的具体行贿方式多种多样,既有实际给予,也有许诺给予;既有事前给予,也有事后给予;既有为实现特定目的而相应给予,也有为谋求长期勾结、远期利益而多次、反复给予;既有行贿人亲自给予,也有通过第三人给予等方式。

4. 合理区分商业贿赂与合法的折扣、佣金。为防止以折扣、佣金为名,行商业贿赂之实,本条第3款对合法的折扣、佣金设置了两个条件:第一,要以明示方式进行;第二,要如实入账,不但经营者向交易相对方支付折扣、向中间人支付佣金应当如实入账，而且接受折扣、佣金的经营者也应当如实入账。如果经营者账外、暗中给予交易相对方、中间人财物或者其他利益，就不属于合法的折扣、佣金；如果交易相对方、中间人收到折扣、佣金后，没有入账，或者虽然入账但没有按照会计制度的规定记入相应收入科目，而是记入其他收入科目，也不属于合法的折扣、佣金。

需要注意的是，为强化商业贿赂治理，2025年修订《反不正当竞争法》时，在禁止实施贿赂规定的基础上，增加本条第2款规定，即单位和个人不得收受贿赂，坚持行贿受贿一起查。

关联法规

《刑法》第163、164、385~393条；《公司法》第181条；《对外贸易法》第32条；《企业国有资产法》第26、71条；《政府采购法》第72条；《药品管理法》第88、141、142条

第九条　【禁止虚假宣传】经营者不得对其商品的性能、功能、质量、销售状况、用户评价、曾获荣誉等作虚假或者引人误解的商业宣传，欺骗、误导消费者和其他经营者。

经营者不得通过组织虚假交易、虚假评价等方式，帮助其他经营者进行虚假或者引人误解的商业宣传。

条文注释

适用本条关于禁止虚假宣传的规定，需要把握以下要点：

1. 虚假宣传的对象是经营者的商品或者服务的相关信息。对商品或者服务的相关信息应当作广义理解，既可以包括关于商品或者服务的自然属性的信息（如商品的性能、功

能、产地、用途、质量、成分、有效期限、服务的标准、时间、地点等),也可以包括商品的生产者、经营者、服务提供者的信息(如资质、资产规模、曾获荣誉,与知名企业、知名人士的关系等),还可以包括商品的市场信息(如价格、销售状况、用户评价等)。本条择要列举了商品的性能、功能、质量、销售状况、用户评价、曾获荣誉,同时用"等"字兜底,保证其广泛的适用性。

2. 宣传的内容虚假或者引人误解。内容虚假,即内容不真实,与实际情况不符。内容引人误解,一般是指内容中使用含糊不清、有多重语义的表述,或者表述虽然真实,但是仅陈述了部分事实,让人产生错误联想。

3. 虚假宣传造成了欺骗、误导消费者和其他经营者的客观后果。此处的"消费者",既包括购买了广告商品或者服务的实际消费者,也包括可能购买广告商品或者服务的潜在消费者。

本条第2款明确规定经营者不得通过组织虚假交易、虚假评价等方式,帮助其他经营者进行虚假或者引人误解的商业宣传。需要强调的是,这一款是关于禁止帮助他人进行虚假宣传的规定,既明确禁止目前最突出的经营者通过组织虚假交易、虚假评价方式帮助其他经营者进行虚假宣传,又用"等"字兜底,为规范今后可能出现的其他帮助情形留出空间。在经营者通过组织虚假交易、虚假评价的方式帮助其他经营者进行虚假宣传这一情形中,规制的是帮助行为的组织者,不包括虚假交易的普通参与者。

关联法规

《广告法》第28、54~56、69条;《消费者权益保护法》第

20、45条;《药品管理法》第90条;《侵害消费者权益行为处罚办法》第6条;《最高人民法院关于适用〈中华人民共和国反不正当竞争法〉若干问题的解释》第16~18条

> **第十条 【禁止侵犯商业秘密】**经营者不得实施下列侵犯商业秘密的行为:
>
> (一)以盗窃、贿赂、欺诈、胁迫、电子侵入或者其他不正当手段获取权利人的商业秘密;
>
> (二)披露、使用或者允许他人使用以前项手段获取的权利人的商业秘密;
>
> (三)违反保密义务或者违反权利人有关保守商业秘密的要求,披露、使用或者允许他人使用其所掌握的商业秘密;
>
> (四)教唆、引诱、帮助他人违反保密义务或者违反权利人有关保守商业秘密的要求,获取、披露、使用或者允许他人使用权利人的商业秘密。
>
> 经营者以外的其他自然人、法人和非法人组织实施前款所列违法行为的,视为侵犯商业秘密。
>
> 第三人明知或者应知商业秘密权利人的员工、前员工或者其他单位、个人实施本条第一款所列违法行为,仍获取、披露、使用或者允许他人使用该商业秘密的,视为侵犯商业秘密。
>
> 本法所称的商业秘密,是指不为公众所知悉、具有商业价值并经权利人采取相应保密措施的技术信息、经营信息等商业信息。

条文注释

认定商业秘密,需要把握以下要点:

1. 该信息不为公众所知悉,即具有秘密性。这种秘密性是相对的。一个经营者的独门秘方可能是商业秘密;几个经营者分头研发得到的相同技术成果,只要其他多数经营者不掌握,也可能分别构成商业秘密。但是,如果该信息是所属领域相关人员普遍知悉或者容易获得的,就不属于商业秘密。

2. 该信息具有商业价值。具有商业价值的信息,是能够带来直接的、现实的经济利益或者竞争优势的信息。

3. 权利人采取了相应保密措施。首先,保密措施的方式是多种多样的。例如,制定保密规则,向员工提出保密要求,与员工签订保密协议,向员工支付保密费,对涉密信息采取加密、加锁、加保密提示、限定知悉范围、控制接触人群等措施。其次,保密措施应当与商业秘密的商业价值、独立获取难度等因素相适应。商业秘密的价值越大,他人通过独立研发、反向工程获取的难度越大,经营者就有义务采取越严格的保密措施。

4. 该信息应当是技术信息或者经营信息。"技术信息"可以包括产品配方、设计方案、加工工艺、操作手法、控制程序、制作方法等信息。"经营信息"可以包括客户信息(名称、地址、联系方式以及交易记录、交易习惯、交易意向等)、货源情报、产销策略、招投标中的标底及标书内容等信息。

本条第 3 款规定,第三人(其他经营者)明知或者应知商业秘密权利人的员工、前员工或者其他单位、个人实施本条第 1 款所列违法行为,仍获取、披露、使用或者允许他人使用该商业秘密的,视为侵犯商业秘密。适用本款要满足以下要件:(1)商业秘密权利人的员工、前员工或者其他单位、个人有侵犯商业秘密的违法行为,而将该商业秘密交给第三人使用,即来源违法是认定第三人后续行为违法的前提。(2)第三人的主观状态限于"明知或者应知"。其中,"明知"是指明确知道,即第三人的主观状态就是知道,其行为存在故意。"应知"是指应当知道,即第三人主观状态虽然不知道,但是从客观情况上判断,只要尽到必要、合理注意义务的人都应当知道其行为存在过失。如果第三人使用该信息时,不知道或不应当知道该信息是他人的商业秘密、上述人员给予其该信息违反了法律规定或者与权利人关于保守商业秘密的约定,则不视为侵犯商业秘密。(3)第三人的行为表现是仍获取、披露、使用或者允许他人使用该商业秘密。如果知道商业秘密来源违法后即停止使用,则不视为侵犯商业秘密。

关联法规

《民法典》第123、501条;《劳动法》第22、102条;《劳动合同法》第23、90条;《律师法》第38条;《注册会计师法》第19条;《刑法》第219条;《最高人民法院关于审理侵犯商业秘密民事案件适用法律若干问题的规定》第1、3、5、7~12、14条

第十一条　【禁止不正当有奖销售】经营者进行有奖销售不得存在下列情形:

(一)所设奖的种类、兑奖条件、奖金金额或者奖品等有奖销售信息不明确,影响兑奖;

(二)有奖销售活动开始后,无正当理由变更所设奖的种类、兑奖条件、奖金金额或者奖品等有奖销售信息;

(三)采用谎称有奖或者故意让内定人员中奖等欺骗方式进行有奖销售;

(四)抽奖式的有奖销售,最高奖的金额超过五万元。

条文注释

所谓"有奖销售",是指经营者销售商品或者提供服务,附带性地向购买者提供物品、金钱或者其他经济上的利益的行为。本条明确经营者进行有奖销售时禁止存在下列情形:

1. 有奖销售信息不明确,影响兑奖。实践中,有的经营者既想通过有奖销售吸引消费者,又不想支付太高的促销费用,往往故意对所设奖的种类、兑奖条件、奖金金额或者奖品等信息不作明确清晰的表述,在消费者兑奖时制造困难,使消费者无法实际获得可以合理期待的奖励。

2. 有奖销售活动开始后,无正当理由变更有奖销售信息。本条第2项规定实际上是吸收了《规范促销行为暂行规定》中第13条的"禁止变更"规则,即"经营者在有奖销售前,应当明确公布奖项种类、参与条件、参与方式、开奖时间、开奖方式、奖金金额或者奖品价格、奖品品名、奖品种类、奖品数量或者中奖概率、兑奖时间、兑奖条件、兑奖方式、奖品交付方式、弃奖条件、主办方及其联系方式等信息,不得变更,不得附加条件,不得影响兑奖,但有利于消费者的除外"。该规定对打击那些以"有奖销售"为噱头,然后在活动中任意更改获奖规则的不诚信经营者起到了事先防范、事后惩戒的规范作用。防止经营者通过事后变更奖项内容(如降低奖品价值、缩小中奖范围)实施欺诈,保障消费者的合理预期利益。

3. 采用谎称有奖或者故意让内定人员中奖等欺骗方式进行有奖销售。所谓"谎称有奖",既包括宣称有奖而实际无奖,也包括宣称有大奖而实际只有小奖。"让内定人员中奖",即通过人为干预抽奖结果,使特定人员中奖或者中大奖。其中的"内定人员",可能是经营者的内部人员(如经营者的员工),也可能是经营者选定的外部人员(如经营者试图贿赂的特定关系人、消费满一定金额的大客户等)。

4.抽奖式有奖销售。需要强调的是,本条第4项限制最高奖金额5万元的只是抽奖式的有奖销售。这里的"抽奖式",既包括结果分为有奖和无奖的情形,也包括结果分为大奖和小奖的情形,以及二者相结合的情形。这需要与以下两种情形相区别:第一,奖励所有购买者且奖品价值基本相当的附赠式有奖销售,其奖励实际上是交易对价的一部分,博彩性质较弱,一般不适用本项规定。第二,获奖人不是仅凭运气通过抽奖获得奖励,而是因其智力、体力、技能参加活动而赢得奖励的,一般视为参与人的合法回报,不适用本项规定。

关联法规

《规范促销行为暂行规定》第11~19条

第十二条 【禁止商业诋毁】经营者不得编造、传播或者指使他人编造、传播虚假信息或者误导性信息,损害其他经营者的商业信誉、商品声誉。

条文注释

认定商业诋毁,需要把握以下要点:

1.商业诋毁的行为主体是具有竞争关系的经营者。本条所称"经营者",包括从事商品生产、经营或者提供服务的自然人、法人和非法人组织。商业诋毁行为只能在经营者之间产生,而不能在经营者和消费者之间产生,但是消费者的行为可以被经营者一方利用,以诋毁竞争者的商业信誉、商品声誉。

2. 商业诋毁的对象是竞争对手。一般情况下,仅将生产、销售相同、相似商品或者提供相同、相似服务的经营者认定为竞争对手,对此类竞争对手进行商业诋毁的现象最为普遍。随着实践的发展,有必要对竞争对手作更加广义的理解:第一,经营者生产、销售的商品或者服务虽然不相同、不相似,但具备相似功能、可以相互替代的,也可能构成竞争对手。第二,经营者之间存在争夺消费者注意力、购买力等商业利益冲突的,也可能成为竞争对手。

3. 商业诋毁的行为表现是编造、传播或者指使他人编造、传播虚假信息或者误导性信息。这里的"虚假信息",是指内容不真实,与实际情况不符的信息。"误导性信息",一般是指信息虽然真实,但是仅陈述了部分事实,容易引发错误联想的信息。

4. 商业诋毁的后果是损害其他经营者的商业信誉、商品声誉。商业信誉、商品声誉反映的是人们对经营者本身以及其提供的商品或者服务的社会评价。其中,商品声誉主要是建立在某种商品或服务质量基础上的信誉。商业信誉的含义则更为广泛,其不但包含商品声誉,还包含与商业活动有关的其他因素,如社会关系、公益形象、企业文化等。

这里的"损害",既包括损害个体经营者的商业信誉、个别商品或者服务的声誉,也包括损害某种类型、某个行业经营者的商业信誉;既包括造成实际损害,也包括造成损害的可能性;既包括造成直接利益损失,也包括造成潜在利益损失,如丧失交易机会、降低议价能力等。

关联法规

《广告法》第13条;《最高人民法院关于适用〈中华人民

共和国反不正当竞争法〉若干问题的解释》第19、20条

> **第十三条 【网络不正当竞争行为的规制】**经营者利用网络从事生产经营活动,应当遵守本法的各项规定。
>
> 经营者不得利用数据和算法、技术、平台规则等,通过影响用户选择或者其他方式,实施下列妨碍、破坏其他经营者合法提供的网络产品或者服务正常运行的行为:
>
> (一)未经其他经营者同意,在其合法提供的网络产品或者服务中,插入链接、强制进行目标跳转;
>
> (二)误导、欺骗、强迫用户修改、关闭、卸载其他经营者合法提供的网络产品或者服务;
>
> (三)恶意对其他经营者合法提供的网络产品或者服务实施不兼容;
>
> (四)其他妨碍、破坏其他经营者合法提供的网络产品或者服务正常运行的行为。
>
> 经营者不得以欺诈、胁迫、避开或者破坏技术管理措施等不正当方式,获取、使用其他经营者合法持有的数据,损害其他经营者的合法权益,扰乱市场竞争秩序。
>
> 经营者不得滥用平台规则,直接或者指使他人对其他经营者实施虚假交易、虚假评价或者恶意退货等行为,损害其他经营者的合法权益,扰乱市场竞争秩序。

条文注释

本条第1款规定,经营者利用网络从事生产经营活动,应当遵守本法的各项规定。网络不是法外之地,经营者利用网络从事生产经营活动,参与市场竞争,同样要受到本法的调整和规范,应当适用本法的各项规定。

本条第 2 款对网络领域特有的、经营者利用数据和算法、技术、平台规则等实施的不正当竞争行为进行了规制。经营者利用网络领域的专业技术手段，妨碍其他经营者合法提供的网络产品或者服务正常、平稳地运行，或者进行破坏，使其不能运行，均违反了诚信原则和商业道德，属于不正当竞争行为。

本条第 2 款还对"妨碍、破坏其他经营者合法提供的网络产品或者服务正常运行"的具体情形进行了列举：

1. 未经其他经营者同意，在其合法提供的网络产品或者服务中，插入链接、强制进行目标跳转。如用户在使用某款搜索引擎进行关键词搜索时，其他经营者在搜索结果页面出现前插入广告页面并持续数秒。其间，点击该广告页面即跳转至广告宣传网站新窗口，不点击则数秒钟后自动展现搜索结果页面。这种情况就属于未经同意插入链接的不正当竞争行为。

2. 误导、欺骗、强迫用户修改、关闭、卸载其他经营者合法提供的网络产品或者服务。如用户安装某款安全软件后，该软件自动对某款社交软件进行"体检"，以红色字体警示用户该社交软件存在严重的"健康问题"（实际上并不存在），并以绿色字体提供"一键修复"帮助。用户点击"一键修复"后，该安全软件即禁用了该社交软件的部分插件，并将该社交软件的安全沟通界面替换成自己的相应界面。这种情况就属于误导、欺骗用户修改他人网络产品或者服务的不正当竞争行为。

3. 恶意对其他经营者合法提供的网络产品或者服务实施不兼容。互联网以互联互通为基础，强调共享、共治、开放、包容。经营者恶意对他人的网络产品或者服务实施不兼容，不仅违反互联网开放、包容的精神，也构成对他人网络产品或者服务的妨碍、破坏，使其不能正常运行，属于不正当竞争行为。在对经营者是否存在恶意的判断上，可以从该经营者实施的不兼容行为是否符合诚信原则和商业道德等要求进行综合考量。

此外，为防止挂一漏万，本条第2款还规定了一项兜底条款，即"其他妨碍、破坏其他经营者合法提供的网络产品或者服务正常运行的行为"。

为有效治理互联网经济中出现的新型不正当竞争现象，2025年修订《反不正当竞争法》，在延续对网络不正当竞争行为关注的基础上，新增"非法数据获取"禁止条款和"滥用平台规则"禁止条款。针对经营者之间因数据抓取引发的摩擦与争议频发的现象，本条第3款明确规定，经营者不得以欺诈、胁迫、避开或者破坏技术管理措施等不正当方式，获取、使用其他经营者合法持有的数据，损害其他经营者的合法权益，扰乱市场竞争秩序。本条第4款重点规制利用平台机制实施的恶意干扰行为，其核心特征是通过滥用平台规则实施不正当竞争。该款明确列举了虚假交易（如刷单炒信后恶意退款）、虚假评价（如雇佣水军刷差评）、恶意退货（如滥用"七天无理由"规则进行无真实购物意图的大规模退货）等典型手段，这些行为直接损害其他经营者的合法权益，严重扰乱市场竞争秩序。

关联法规

《规范互联网信息服务市场秩序若干规定》第5、7、8条；《网络反不正当竞争暂行规定》；《最高人民法院关于适用〈中

华人民共和国反不正当竞争法〉若干问题的解释》第21、22条

第十四条　【禁止平台低价倾销】平台经营者不得强制或者变相强制平台内经营者按照其定价规则,以低于成本的价格销售商品,扰乱市场竞争秩序。

条文注释

1993年颁布的《反不正当竞争法》曾明确禁止低价倾销行为。2007年出台的《反垄断法》将"没有正当理由,以低于成本的价格销售商品"列为滥用市场支配地位的典型行为。2025年修订的《反不正当竞争法》重点填补了《反垄断法》仅规制具有市场支配地位经营者的制度空白,特别针对平台经济中"强制转嫁亏损型"低价竞争模式创设了专门禁令。该修订旨在有效遏制平台领域的恶性价格战,推动市场竞争向质量提升、服务优化和技术创新等良性方向发展,同时切实保障平台内经营者的合法权益,维护健康有序的市场生态。

根据本法第30条规定,平台经营者违反本条规定强制或者变相强制平台内经营者以低于成本的价格销售商品的,由监督检查部门责令停止违法行为,处5万元以上50万元以下的罚款;情节严重的,处50万元以上200万元以下的罚款。

关联法规

《电子商务法》第35条;《价格法》第14条

第十五条　【禁止滥用市场优势地位拖欠中小企业账款】大型企业等经营者不得滥用自身资金、技术、交易渠道、行业影响力等方面的优势地位,要求中小企业接受明显不合

理的付款期限、方式、条件和违约责任等交易条件,拖欠中小企业的货物、工程、服务等账款。

条文注释

本条为 2025 年修订《反不正当竞争法》时新增的条款,首次在法律层面对不具有市场支配地位的大型企业滥用其相对优势地位损害中小企业利益的行为进行直接规制。

需要说明的是,本条关注的是交易双方在特定交易关系中的实质谈判地位失衡,而非在整个相关市场的控制力。规制的核心是大型企业等经营者利用其相对优势(如资金雄厚、技术依赖、渠道控制、行业话语权),强迫中小企业接受显失公平的交易条件(特别是支付条款)或恶意拖欠账款。与其他对不正当竞争行为构成要件的关注不同,本条并不需要以"扰乱市场竞争秩序"作为结果构成要件。

根据本法第 31 条规定,经营者违反本条规定滥用自身优势地位的,由省级以上人民政府监督检查部门责令限期改正,逾期不改正的,处 100 万元以下的罚款;情节严重的,处 100 万元以上 500 万元以下的罚款。

关联法规

《保障中小企业款项支付条例》;《中小企业划型标准规定》

第三章　对涉嫌不正当竞争行为的调查

第十六条　【调查措施、程序和规则】监督检查部门调查涉嫌不正当竞争行为，可以采取下列措施：

（一）进入涉嫌不正当竞争行为的经营场所进行检查；

（二）询问被调查的经营者、利害关系人及其他有关单位、个人，要求其说明有关情况或者提供与被调查行为有关的其他资料；

（三）查询、复制与涉嫌不正当竞争行为有关的协议、账簿、单据、文件、记录、业务函电和其他资料；

（四）查封、扣押与涉嫌不正当竞争行为有关的财物；

（五）查询涉嫌不正当竞争行为的经营者的银行账户。

采取前款规定的措施，应当向监督检查部门主要负责人书面报告，并经批准。采取前款第四项、第五项规定的措施，应当向设区的市级以上人民政府监督检查部门主要负责人书面报告，并经批准。

监督检查部门调查涉嫌不正当竞争行为，应当遵守《中华人民共和国行政强制法》和其他有关法律、行政法规的规定，并应当依法将查处结果及时向社会公开。

条文注释

监督检查部门调查涉嫌不正当竞争行为时，可以采取的措施包括：

1. 进入涉嫌不正当竞争行为的经营场所进行检查。现场检查是查明事实的重要途径,一旦发现经营者有涉嫌不正当竞争行为的情况,监督检查部门就需要在查清事实、了解真相的基础上确定该行为是否构成不正当竞争行为,并依法进行处理。对经营场所进行现场检查是查明事实的重要途径之一。需要注意的是,监督检查部门在行使现场检查权时,要遵守两项原则:一是确有必要;二是仅限于与涉嫌不正当竞争行为有关的经营场所,遵守有关行政程序的法律规定,防止随意干扰经营者的正常生产经营活动。

2.询问被调查的经营者、利害关系人及其他有关单位、个人,要求其说明有关情况或者提供与被调查行为有关的其他资料。监督检查部门要了解事实真相,就需要从各个角度进行调查,认真核实、去伪存真,真正做到处理决定以事实为依据。监督检查部门应就询问制作询问笔录,并由询问人和被询问人签名或者盖章。询问不得限制或者变相限制被询问人的人身自由。

3.查询、复制与涉嫌不正当竞争行为有关的协议、账簿、单据、文件、记录、业务函电和其他资料。赋予监督检查部门查询复制权,可以使其了解被调查的经营者的有关经济活动,如业务往来、资金流向等,取得相关证据,以确认被调查对象的行为是否违法,有利于案件的正确处理。

4.查封、扣押与涉嫌不正当竞争行为有关的财物。查封是行政机关限制当事人对其财产的使用和处分的强制措施,主要针对不动产或者其他不便移动的财产,由行政机关以加贴封条的方式限制当事人对财产的移动或者使用。扣押是行政机关解除当事人对其财物的占有,并限制其处分的强制措施,主要针对可以移动的财产,扣押的财产由行政机关保管。为了查明事实、保存证据,防止涉嫌违法的经营者转移、隐匿、销毁有关的财物,对有可能被有关单位或个人转移、隐匿、销毁,今后查找有困难的,与涉嫌不正当竞争行为有关的财物,监督检查部门可以及时予以查封、扣押。

5. 查询涉嫌不正当竞争行为的经营者的银行账户。通过查询涉嫌不正当竞争行为的经营者的银行账户,可以了解该经营者的经济活动状况,以利于发现违法行为。

需要强调的是,监督检查部门在采取上述调查措施时,应当遵循适当原则,即选择适当的调查措施,在多种措施都可以实现调查目的的情况下,监督检查部门应当采用对当事人权益损害最小的措施。

本条第 2 款规定,采取第 1 款规定的措施,应当向监督检查部门主要负责人书面报告,经批准后方可实施。其中,采取查封、扣押与涉嫌不正当竞争行为有关的财物和查询涉嫌不正当竞争行为的经营者的银行账户这两项措施的,应当向设区的市级以上人民政府监督检查部门主要负责人书面报告,经批准后方可实施。

为了进一步保证反不正当竞争监督检查部门及其工作人员正当行使调查权,依法行政,防止权力被滥用,损害被调查对象的合法权益,本条第 3 款对监督检查部门行使调查权作出进一步限定,即监督检查部门调查涉嫌不正当竞争行为,应当遵守《行政强制法》和其他有关法律、行政法规的规定,并应当依法将查处结果及时向社会公开。

关联法规

《反不正当竞争法》第 5 条;《行政强制法》第 2、9、12、18~20、22~28 条

第十七条 【配合调查义务】监督检查部门调查涉嫌不正当竞争行为,被调查的经营者、利害关系人及其他有关单位、个人应当如实提供有关资料或者情况。

条文注释

对涉嫌不正当竞争行为进行调查,是反不正当竞争监督检查部门的责任,而协助、配合监督检查部门工作,如实提供有关资料或真实情况,是被调查对象的义务。

本条规定的如实提供有关资料或者情况的义务主体是"被调查的经营者、利害关系人及其他有关单位、个人",这里的"利害关系人"的情况比较复杂,应当具体案件具体分析,如混淆行为中被侵权的权利人、商业秘密受到侵犯的权利人、商业信誉受到诋毁的竞争对手、有奖销售中利益受损害的消费者、合法提供的网络产品或服务受到妨碍破坏的经营者等,都属于"利害关系人"。"其他有关单位、个人"主要是与涉嫌不正当竞争行为有一定关系的、为案件调查所必需的单位和个人。

本条规定的需要如实提供的"有关资料或者情况",对于被调查的经营者来说,主要是与涉嫌不正当竞争行为有关的协议、账簿、单据、文件、记录、业务函电和其他有关业务资料或者情况;对于利害关系人来说,主要是其权益受到不正当竞争行为损害的相关证据材料或者情况;对于其他有关单位、个人来说,是和涉嫌不正当竞争行为直接相关的资料或者情况。

第十八条 【约谈制度】经营者涉嫌违反本法规定的,监督检查部门可以对其有关负责人进行约谈,要求其说明情况、提出改进措施。

[条文注释]

本条为2025年修订《反不正当竞争法》时新增的条款。在反不正当竞争调查手段中正式引入"约谈"制度，标志着执法方式的重要创新与完善。

本条规定，经营者涉嫌违反本法规定的，监督检查部门可以对其有关负责人进行约谈，要求其说明情况、提出改进措施。"约谈"被正式确立为一种法定的、非强制性的初步调查与合规引导手段。它赋予执法机关在启动正式、高成本的立案调查程序前，采用一种更为灵活、高效且低对抗性的干预方式。经营者若能通过约谈环节，及时、有效地说明情况并落实改进承诺，则有望避免后续正式立案调查及可能产生的行政处罚。

[关联法规]

《公平竞争审查条例》第24条；《保障中小企业款项支付条例》第23条；《反垄断法》第55条

第十九条　【保密义务】监督检查部门及其工作人员对调查过程中知悉的商业秘密、个人隐私和个人信息依法负有保密义务。

[条文注释]

根据本法第10条第4款的规定，商业秘密是指不为公众所知悉、具有商业价值并经权利人采取相应保密措施的技术信息、经营信息等商业信息。

监督检查部门及其工作人员在调查过程中知悉的当事人的商业秘密、个人隐私和个人信息属于工作秘密的一部分，应当予以保密。在反不正当竞争调查过程中，监督检查部门及其工作人员应当严格遵守职业操守,对执行职务时知悉的商业秘密、个人隐私和个人信息予以保密,既不能泄露给他人,也不能利用其牟取不正当利益。对监督检查部门的工作人员违反保密义务,泄露调查过程中知悉的商业秘密、个人隐私和个人信息的,将依照本法第37条的规定依法予以处分。

关联法规

《反不正当竞争法》第10、37条;《公务员法》第14条

> **第二十条 【举报制度】**对涉嫌不正当竞争行为,任何单位和个人有权向监督检查部门举报,监督检查部门接到举报后应当依法及时处理。
>
> 监督检查部门应当向社会公开受理举报的电话、信箱或者电子邮件地址,并为举报人保密。对实名举报并提供相关事实和证据的,监督检查部门应当将处理结果及时告知举报人。

条文注释

本条第1款规定,对涉嫌不正当竞争行为,任何单位和个人有权向监督检查部门举报。这里的"任何单位和个人"既包括受到涉嫌不正当竞争行为损害的单位和个人,也包括没有受到涉嫌不正当竞争行为损害但对该行为知情的单位和个人。

监督检查部门接到举报后应当依法及时处理。这里所说的"处理",包括多种方式,例如,如果举报的问题比较简单,事实清楚,受理部门应当按照有关规定及时调查核实,予以解决;若举报的问题较为复杂,不能立即解决的,可以先受

理立案；若举报不符合有关规定的，不予受理；若举报问题属于其他部门管辖范围的，可以依法移交有权部门处理。

根据本条第2款的规定，监督检查部门在处理举报工作中应当做到以下几点：

1. 公开受理举报的联系方式。为了方便社会公众举报不正当竞争行为，监督检查部门应当向社会公开受理举报的电话、信箱或者电子邮件地址。

2. 为举报人保密。为了保护举报人的安全和积极性，反不正当竞争监督检查部门应当对举报人的信息和有关情况予以保密，不得泄露。

3. 落实实名举报制度。举报能否得到调查核实，能否得到落实反馈，是举报人十分关心的问题，特别是实名并提供相关事实和证据的举报，如果得不到落实和反馈，必将极大地损害举报人的积极性，因此，对实名举报并提供相关事实和证据的，监督检查部门无论作出何种处理决定，均应当将处理结果及时告知举报人。

第二十一条 【对平台不正当竞争行为的监管】平台经营者应当在平台服务协议和交易规则中明确平台内公平竞争规则，建立不正当竞争举报投诉和纠纷处置机制，引导、规范平台内经营者依法公平竞争；发现平台内经营者实施不正当竞争行为的，应当及时依法采取必要的处置措施，保存有关记录，并按规定向平台经营者住所地县级以上人民政府监督检查部门报告。

条文注释

本条为2025年修订《反不正当竞争法》时新增的条款，

首次在法律层面系统性地确立了平台经营者对平台内公平竞争秩序的主动管理责任。

根据本条规定,平台经营者的义务可以分解为:(1)平台经营者负有主动构建并维护平台内公平竞争环境的法定义务,而非被动响应。(2)必须将公平竞争规则明确写入平台服务协议和交易规则,使其对平台内经营者具有约束力,并提高透明度。(3)需建立有效的举报投诉渠道和纠纷处置机制,为平台内经营者及消费者提供维权路径。(4)发现平台内不正当竞争行为时,需及时采取必要处置措施。(5)需保存处置记录,并按规定向市场监管部门报告,为后续监管和执法提供依据。

关联法规

《电子商务法》第80~83条;《网络反不正当竞争暂行规定》第6条

第四章 法律责任

第二十二条 【不正当竞争行为的民事责任】经营者违反本法规定,给他人造成损害的,应当依法承担民事责任。

经营者的合法权益受到不正当竞争行为损害的,可以向人民法院提起诉讼。

因不正当竞争行为受到损害的经营者的赔偿数额,按照其因被侵权所受到的实际损失或者侵权人因侵权所获得的利益确定。经营者故意实施侵犯商业秘密行为,情节严重的,可以在按照上述方法确定数额的一倍以上五倍以下确定赔偿数额。赔偿数额还应当包括经营者为制止侵权行为所支付的合理开支。

经营者违反本法第七条、第十条规定,权利人因被侵权所受到的实际损失、侵权人因侵权所获得的利益难以确定的,由人民法院根据侵权行为的情节判决给予权利人五百万元以下的赔偿。

条文注释

本条第1款规定,经营者违反本法规定,给他人造成损害的,应当依法承担民事责任。通过让侵权的经营者承担民事责任,使被侵权的经营者或者消费者的损失得到赔偿,同时也起到对侵权的经营者予以惩罚的作用。根据《民法典》第179条的规定,承担民事责任的方式主要包括:(1)停止侵害;(2)排除妨碍;(3)消除危险;(4)返还财产;(5)恢复原状;(6)修理、重作、更换;(7)继续履行;(8)赔偿损失;(9)支付违约金;(10)消除影响、恢复名誉;(11)赔礼道歉。法律规定惩罚性赔偿的,依照其规定。以上承担民事责任的方式,可以单独适用,也可以合并适用。

本条第2款规定,经营者的合法权益受到不正当竞争行为损害的,可以向人民法院提起诉讼。对于被侵权的经营者因其合法权益受到不正当竞争行为的侵害而与侵权人形成的民事纠纷,我国实行不告不理原则。当事人有权在法律规定的范围内处分自己的民事权利和诉讼权利。只有合法权益受侵害的经营者主张权利,并向人民法院提起诉讼的,人民法院才能受理。人民法院经审理后可以作出判决,要求侵权者承担相应的民事法律责任。

本条第 3 款对不正当竞争行为侵犯其他经营者的财产权,应当承担赔偿责任的赔偿额的计算作出规定,同时特别强调,赔偿数额还应当包括经营者为制止侵权行为所支付的合理开支。这里所说的"合理开支",包括权利人所支付的用于制止侵权行为的交通费、调查费、鉴定费、适当的律师费以及其他合理费用。

本条第 4 款规定,经营者违反本法第 7 条、第 10 条规定,权利人因被侵权所受到的实际损失、侵权人因侵权所获得的利益难以确定的,由人民法院根据侵权行为的情节判决给予权利人 500 万元以下的赔偿。这里所说的"侵权行为的情节",主要是指侵权行为人的主观过错程度、采用的侵权手段和方式、侵权行为持续的时间、给权利人造成损害的程度等。本条规定的法定赔偿的最高限额是 500 万元。

关联法规

《反不正当竞争法》第 7~15 条;《最高人民法院关于审理侵犯商业秘密民事案件适用法律若干问题的规定》第 16、20 条

第二十三条 【混淆行为的行政责任】经营者违反本法第七条规定实施混淆行为或者帮助他人实施混淆行为的,由监督检查部门责令停止违法行为,没收违法商品。违法经营额五万元以上的,可以并处违法经营额五倍以下的罚款;没有违法经营额或者违法经营额不足五万元的,可以并处二十五万元以下的罚款;情节严重的,并处吊销营业执照。

销售本法第七条规定的违法商品的,依照前款规定予以

处罚;销售者不知道其销售的商品属于违法商品,能证明该商品是自己合法取得并说明提供者的,由监督检查部门责令停止销售,不予行政处罚。

经营者登记的名称违反本法第七条规定的,应当及时办理名称变更登记;名称变更前,由登记机关以统一社会信用代码代替其名称。

条文注释

行政责任是法律责任的一种,是由特定的行政机关对违反法律、行政法规或者规章的行为给予的一种行政制裁,主要对轻微的违法行为或者违纪行为实施。行政责任包括行政处罚和行政处分两大类。

按照本条第1款的规定,经营者违反本法第7条的规定实施混淆行为或者帮助他人实施混淆行为的,由监督检查部门给予下列行政处罚:

1. 责令停止违法行为。即责令违法的经营者立即停止混淆行为,以防止损害后果的扩大。

2. 没收违法商品。即没收经营者因实施混淆行为所生产或者经营的引人误认为是他人商品或者与他人存在特定联系的侵权商品。

3. 罚款。即对违法经营额5万元以上的,可以并处违法经营额5倍以下的罚款;没有违法经营额或者违法经营额不足5万元的,可以并处25万元以下的罚款。是否并处罚款以及罚款的具体数额,由监督检查部门根据违法行为的事实、性质、情节等因素来决定。这里的"**违法经营额**"是指行为人在实施混淆行为过程中所制造、存储、运输、销售的侵产品的价值。

4. 吊销营业执照。任何经营者从事商品生产、经营或者提供服务都需要取得营业执照，吊销营业执照对公民个人来说，意味着其不能再从事营业执照所列的经营范围内的业务；对法人来说，意味着其法人资格的丧失，即丧失了法人的权利能力和行为能力。

2025年修订《反不正当竞争法》，增加本条第2款内容。根据第2款规定，销售违法商品者若明知商品违法，将按相关规定处罚；若销售者能证明自己确实不知情，并提供合法进货凭证及说明供应商信息，则可免于行政处罚（但仍需停止销售）。其核心在于区分主观过错，鼓励配合溯源，但销售者需自行举证不知情且来源合法，体现了法律对无过错经营者的保护与对违法源头的打击。实践中，商家应保留完整交易记录并尽到合理审查义务，以避免法律风险。

经营者登记的名称是区别不同市场主体的标志，我国对名称实行登记注册制度，经营者必须使用经核准登记注册的名称从事生产经营活动。因此，本条第3款规定，经营者登记的名称违反本法第7条规定的，应当及时办理名称变更登记。鉴于我国以统一社会信用代码和相关基本信息作为法人和其他组织的"数字身份证"，作为企业身份识别的一种手段，在企业名称变更前，为了便于识别身份，由登记机关以统一社会信用代码代替该企业名称。

关联法规

《网络反不正当竞争暂行规定》第7、33条

第二十四条 【商业贿赂的行政责任】有关单位违反本法第八条规定贿赂他人或者收受贿赂的,由监督检查部门没收违法所得,处十万元以上一百万元以下的罚款;情节严重的,处一百万元以上五百万元以下的罚款,可以并处吊销营业执照。

经营者的法定代表人、主要负责人和直接责任人员对实施贿赂负有个人责任,以及有关个人收受贿赂的,由监督检查部门没收违法所得,处一百万元以下的罚款。

条文注释

根据本条第 1 款规定,有关单位违反本法第 8 条规定贿赂他人或者收受贿赂的,由监督检查部门给予下列行政处罚:

1. 没收违法所得。行贿的目的是获得不正当利益,经营者因采用财物或者其他手段贿赂本法第 8 条规定的单位和个人而获得的交易机会或者竞争优势所带来的不正当利益即违法所得,应当予以没收。

2. 罚款。即根据违法行为的情节,处 10 万元以上 100 万元以下的罚款,情节严重的,处 100 万元以上 500 万元以下的罚款,这里的"情节严重",主要是指行贿多次多人或行贿数额较大等情节。

3. 吊销营业执照。即对违法情节严重的经营者,除了上述行政处罚外,可以并处吊销营业执照。

2025 年修订《反不正当竞争法》时,将单位罚款上限从原来的 300 万元提升至 500 万元,并增加第 2 款规定,对个人罚款上限统一为 100 万元,体现对个人责任的强化。修订后的本条明确规定了"双罚制"的具体适用情形,强化了对单位和个人在商业贿赂中的法律追责力度。通过"双罚制",进一步厘清了单位与个人在商业贿赂中的责任边界,既保障了市场公平竞争,也为监管部门提供了更有力的执法依据,有助于构建诚信商业环境。

关联法规

《网络反不正当竞争暂行规定》第10、35条;《规范促销行为暂行规定》第9、26条

第二十五条 【虚假宣传的行政责任】经营者违反本法第九条规定对其商品作虚假或者引人误解的商业宣传,或者通过组织虚假交易、虚假评价等方式帮助其他经营者进行虚假或者引人误解的商业宣传的,由监督检查部门责令停止违法行为,处一百万元以下的罚款;情节严重的,处一百万元以上二百万元以下的罚款,可以并处吊销营业执照。

经营者违反本法第九条规定,属于发布虚假广告的,依照《中华人民共和国广告法》的规定处罚。

条文注释

本法第9条规定,经营者不得对其商品的性能、功能、质量、销售状况、用户评价、曾获荣誉等作虚假或者引人误解的商业宣传,欺骗、误导消费者和其他经营者。经营者不得通过组织虚假交易、虚假评价等方式,帮助其他经营者进行虚假或者引人误解的商业宣传。

经营者违反上述规定的,由监督检查部门给予下列行政处罚:

1.责令停止违法行为。即责令经营者立即停止对其商

品作虚假、引人误解的商业宣传，或者通过组织虚假交易、虚假评价等方式帮助其他经营者进行虚假、引人误解的商业宣传，以防止损害后果的扩大。

2. 罚款。即根据违法行为的情节，处100万元以下的罚款；情节严重的，处100万元以上200万元以下的罚款。

3. 吊销营业执照。即对违法情节严重的经营者，除了上述责令停止违法行为、罚款外，可以并处吊销营业执照，是否吊销营业执照，由监督检查部门根据违法情节的严重程度决定。

同时，为与《广告法》相衔接，本条第2款作出规定，经营者违反本法第9条规定，属于发布虚假广告的，依照《广告法》的规定处罚。

关联法规

《反不正当竞争法》第9条；《广告法》第28、55条；《网络反不正当竞争暂行规定》第8、9、34条；《规范促销行为暂行规定》第5、23条

第二十六条　【侵犯商业秘密的行政责任】经营者以及其他自然人、法人和非法人组织违反本法第十条规定侵犯商业秘密的，由监督检查部门责令停止违法行为，没收违法所得，处十万元以上一百万元以下的罚款；情节严重的，处一百万元以上五百万元以下的罚款。

条文注释

经营者以及其他自然人、法人和非法人组织违反本法第10条规定实施侵犯商业秘密行为的，由监督检查部门给予下列行政处罚：

1. 责令停止违法行为。即责令经营者以及其他自然人、法人和非法人组织立即停止实施侵犯商业秘密的行为,以防止损害后果的扩大。

2. 没收违法所得。即没收经营者以及其他自然人、法人和非法人组织因实施侵犯商业秘密行为所得的违法收入。

3. 罚款。即根据违法行为的情节,处10万元以上100万元以下的罚款;情节严重的,处100万元以上500万元以下的罚款。这里的"情节严重",主要是指行为人侵犯他人商业秘密所采用的手段较为恶劣、对权利人造成的损失较大、对市场竞争秩序的危害较大等情形。

第二十七条 【违法有奖销售的行政责任】经营者违反本法第十一条规定进行有奖销售的,由监督检查部门责令停止违法行为,处五万元以上五十万元以下的罚款。

条文注释

经营者进行有奖销售存在本法第11条规定的禁止情形的,由监督检查部门给予下列行政处罚:

1. 责令停止违法行为。即责令经营者立即停止违法的有奖销售行为,以防止损害后果的扩大。

2. 罚款。即根据有奖销售行为的违法事实、性质和情节轻重,在最低限额5万元和最高限额50万元之间确定罚款数额。

关联法规

《规范促销行为暂行规定》第13~17、27条

第二十八条 【商业诋毁的行政责任】经营者违反本法第十二条规定损害其他经营者商业信誉、商品声誉的,由监督检查部门责令停止违法行为、消除影响,处十万元以上一百万元以下的罚款;情节严重的,处一百万元以上五百万元以下的罚款。

条文注释

良好的商业信誉、商品声誉对于经营者在市场竞争中获得优势具有重要作用,诋毁他人商业信誉、商品声誉的行为,属于不正当竞争行为,应予以禁止。因此,本法第12条规定,经营者不得编造、传播或者指使他人编造、传播虚假信息或者误导性信息,损害其他经营者的商业信誉、商品声誉。

经营者违反规定,编造、传播或者指使他人编造、传播虚假信息或者误导性信息,损害其他经营者的商业信誉、商品声誉的,由监督检查部门给予下列行政处罚:

1. 责令停止违法行为。即责令违法的经营者立即停止编造、传播或者指使他人编造、传播虚假信息或者误导性信息的行为,以防止受害人损害后果的扩大。

2. 消除影响。即责令违法的经营者在一定范围内采取适当方式消除对受害人商业信誉、商品声誉的不利影响。这一处罚措施的处理原则是,侵权行为人应当根据造成不良影响的范围大小,采取相应措施消除不良影响。

3. 罚款。根据违法行为的情节,处10万元以上100万元以下的罚款;情节严重的,处100万元以上500万元以下的罚款。这里的"情节严重",主要根据侵权者的行为恶劣程度和对他人商业信誉、商品声誉的损害范围、程度来判断。

> **关联法规**
>
> 《网络反不正当竞争暂行规定》第11、36条

> **第二十九条 【网络不正当竞争行为的行政责任】**经营者违反本法第十三条第二款、第三款、第四款规定利用网络从事不正当竞争的,由监督检查部门责令停止违法行为,处十万元以上一百万元以下的罚款;情节严重的,处一百万元以上五百万元以下的罚款。

条文注释

在网络时代,经营者利用网络从事生产经营活动日益增多,不正当竞争行为呈现出一些新形态,有些经营者利用数据和算法、技术、平台规则等从事不正当竞争行为,妨碍、破坏其他经营者合法提供的网络产品或者服务正常运行,使竞争对手处于不平等竞争地位。

经营者违反本法第13条第2款、第3款、第4款规定,利用数据和算法、技术、平台规则等,通过影响用户选择或者其他方式,妨碍、破坏其他经营者合法提供的网络产品或者服务正常运行的,由监督检查部门给予下列行政处罚:

1. 责令停止违法行为。即责令违法的经营者立即停止妨碍、破坏其他经营者合法提供的网络产品或者服务正常运行的行为,以防止损害后果的扩大。

2. 罚款。根据违法行为的情节,处10万元以上100万元以下的罚款;情节严重的,处100万元以上500万元以下的罚款。这里的"情节严重",主要根据违法的经营者对其他经营者合法提供的网络产品或者服务正常运行的妨碍、破坏程度,以及被侵害经营者的损失大小来判断。

关联法规

《网络反不正当竞争暂行规定》

> **第三十条 【平台经营者低价倾销的法律责任】**平台经营者违反本法第十四条规定强制或者变相强制平台内经营者以低于成本的价格销售商品的,由监督检查部门责令停止违法行为,处五万元以上五十万元以下的罚款;情节严重的,处五十万元以上二百万元以下的罚款。

条文注释

本条为2025年修订《反不正当竞争法》时新增的条款,是针对平台经营者滥用市场支配地位,强制或变相强制平台内经营者低价倾销(即以低于成本的价格销售商品)的处罚规定,其核心目的是维护公平竞争秩序,防止平台垄断行为损害商家和消费者权益。

根据本条规定,平台经营者若强制或变相强制平台内经营者以低于成本的价格销售商品(如通过威胁、流量限制等手段),将被监管部门责令停止违法行为,并处以5万元至50万元罚款;情节严重的(如长期实施、影响恶劣等),罚款可提高至50万元至200万元。该规定旨在防止平台滥用优势地位破坏公平竞争,保护商家自主定价权和市场健康发展,商家若遇此类行为,应留存证据依法维权。

关联法规

《电子商务法》第35条;《反垄断法》第22条

第三十一条 【滥用市场优势地位的法律责任】经营者违反本法第十五条规定滥用自身优势地位的,由省级以上人民政府监督检查部门责令限期改正,逾期不改正的,处一百万元以下的罚款;情节严重的,处一百万元以上五百万元以下的罚款。

条文注释

本条为2025年修订《反不正当竞争法》时新增的条款。本条明确规定,若经营者违反本法第15条规定,滥用自身资金、技术、交易渠道、行业影响力等方面的优势地位,要求中小企业接受明显不合理的付款期限、方式、条件和违约责任等交易条件,拖欠中小企业的货物、工程、服务等账款的,由省级以上人民政府监督检查部门责令限期改正;逾期不改的,处100万元以下罚款;若情节严重(如造成重大市场损害或屡犯),则罚款100万元至500万元。该规定采用"先纠正后处罚"原则,罚款幅度根据违法后果及整改态度阶梯式上升,旨在规制垄断行为、维护公平竞争。

第三十二条 【从轻、减轻或者不予行政处罚】经营者违反本法规定从事不正当竞争,有主动消除或者减轻违法行为危害后果等法定情形的,依法从轻或者减轻行政处罚;违法行为轻微并及时纠正,没有造成危害后果的,不予行政处罚。

条文注释

对于经营者具有主动消除或者减轻违法行为危害后果等法定情形,或者经营者的违法行为轻微并及时纠正、没有造成危害后果的,在本法中明确规定可依法从轻、减轻或者不予行政处罚,这更有利于保护经营者和消费者的合法权益。同时,本条规定也赋予了监督检查部门在法定范围内一定程度的自由裁量权,便于监督检查部门根据不同案件的实际情况,合理运用执法权力。监督检查部门在具体运用这一权力时,必须遵循公正原则以及行政处罚与违法行为相适应的原则。

第三十三条 【信用惩戒】经营者违反本法规定从事不正当竞争,受到行政处罚的,由监督检查部门记入信用记录,并依照有关法律、行政法规的规定予以公示。

条文注释

随着国家信用管理体系的不断完善,信用记录在惩戒失信行为人方面发挥了重要作用,对于经营者违反本法规定从事不正当竞争行为、受到行政处罚的,除依法追究其法律责任外,还应当由监督检查部门记入信用记录并依法予以公示,以发挥信用约束作用,惩戒失信行为。

信用记录由监督检查部门依法采集、客观记录,内容主要包括经营者的基本情况、违法事实以及给予的行政处罚等,是证明经营者是否诚实守信、有无违法违约行为的重要依据。对于经营者从事不正当竞争行为的公示,应当依照有关法律、行政法规的规定进行。

关联法规

《企业信息公示暂行条例》

第三十四条 【民事责任优先】经营者违反本法规定,应当承担民事责任、行政责任和刑事责任,其财产不足以支付的,优先用于承担民事责任。

条文注释

  法律责任按照类型划分,可以分为民事责任、行政责任和刑事责任。三者的区别主要在于违反的法律类型不同:民事责任是因违反民事法律、违约或者因法律规定的其他事由产生;行政责任是因违反行政法律或者行政法规产生;刑事责任则因违反刑事法律而产生。同一行为可能既违反了民法又违反了行政法或者刑法,由此会同时产生民事责任、行政责任或者刑事责任。通常情况下,民事责任、行政责任和刑事责任独立存在,互不影响,但在经营者的财产不足以同时承担民事赔偿责任与罚款、罚金或没收财产等行政或者刑事责任时,三种责任就发生了冲突,由此产生哪一种责任优先适用的问题,民事责任优先原则就是解决此类问题的法律原则。

  需要注意的是,民事责任优先原则的适用是有条件的:一是经营者所承担的民事责任必须合法有效,其产生的依据或是基于约定或是基于法律规定;二是经营者的财产不足以同时满足民事责任、行政责任和刑事责任,即只有在财产不足以同时满足时,才可适用民事责任优先的原则。

关联法规

  《民法典》第 187 条

第三十五条 【拒绝、阻碍调查的行政责任】妨害监督检查部门依照本法履行职责，拒绝、阻碍调查的，由监督检查部门责令改正，对个人可以处一万元以下的罚款，对单位可以处十万元以下的罚款。

条文注释

本法第16条对监督检查部门调查涉嫌不正当竞争行为可以采取的措施作了规定。同时，本法第17条规定，监督检查部门调查涉嫌不正当竞争行为，被调查的经营者、利害关系人及其他有关单位、个人应当如实提供有关资料或者情况。

对于妨害监督检查部门依法履行职责，拒绝、阻碍调查的，由监督检查部门责令改正，并对个人可以处1万元以下的罚款，对单位可以处10万元以下的罚款。同时，本法第38条规定，违反本法规定，构成违反治安管理行为的，依法给予治安管理处罚。《治安管理处罚法》第61条对阻碍国家机关工作人员依法执行职务的行为，规定由公安机关给予警告或者500元以下罚款；情节严重的，处5日以上10日以下拘留，可以并处1000元以下罚款。根据《行政处罚法》第29条的规定，对当事人的同一个违法行为，不得给予两次以上罚款的行政处罚。因此，对于妨害监督检查部门依照本法履行职责，拒绝、阻碍调查的，由监督检查部门责令改正，并对个人可以处1万元以下的罚款，对单位可以处10万元以下的罚款，构成违反治安管理行为的，由公安机关依法给予除罚款以外的治安管理处罚。

关联法规

《网络反不正当竞争暂行规定》第28、39条

第三十六条　【对决定不服的救济途径】当事人对监督检查部门作出的决定不服的,可以依法申请行政复议或者提起行政诉讼。

<u>条文注释</u>

　　监督检查部门对经营者的不正当竞争行为作出处理决定后,经营者应当认真执行。但是,如果经营者认为该决定与事实不符或者适用法律不当,法律同时赋予其必要的救济途径。根据《行政复议法》和《行政诉讼法》的规定,公民、法人或者其他组织认为具体行政行为侵犯其合法权益的,有权向行政机关提出行政复议申请,也有权向人民法院提起行政诉讼,但法律规定行政复议决定为最终裁决的除外。

　　监督检查部门依据本法作出的决定属于具体行政行为,该行政行为的相对人以及其他与该行政行为有利害关系的公民、法人或者其他组织,对监督检查部门作出的决定不服的,可以依法申请行政复议或者提起行政诉讼。

<u>关联法规</u>

　　《行政复议法》;《行政诉讼法》

第三十七条　【监督检查部门工作人员的行政责任】监督检查部门的工作人员滥用职权、玩忽职守、徇私舞弊或者泄露调查过程中知悉的商业秘密、个人隐私或者个人信息的,依法给予处分。

<u>条文注释</u>

　　本法第3章对监督检查部门调查涉嫌不正当竞争行为可以采取的措施、应当遵循的程序等作了规定,其中第19条

规定,监督检查部门及其工作人员对调查过程中知悉的商业秘密、个人隐私和个人信息依法负有保密义务。

监督检查部门的工作人员应当依法履行职责,不得有滥用职权、玩忽职守、徇私舞弊或者泄露调查过程中知悉的商业秘密、个人隐私或者个人信息的行为。"滥用职权",是指履行职务时违反法律规定或者超越法律规定的职责权限行使职权;"玩忽职守",是指不履行或者不完全履行法律规定的职责;"徇私舞弊",是指为了私情或者私利,故意违反法律,不尊重事实,作出枉法处理或者枉法决定。对于监督检查部门的工作人员滥用职权、玩忽职守、徇私舞弊或者泄露调查过程中知悉的商业秘密、个人隐私或者个人信息的,由有权机关视情节轻重,根据《公务员法》的规定,给予警告、记过、记大过、降级、撤职或者开除的处分。

关联法规

《公务员法》第59、62条;《行政处罚法》第50条

第三十八条 【治安处罚与刑事责任】违反本法规定,构成违反治安管理行为的,依法给予治安管理处罚;构成犯罪的,依法追究刑事责任。

条文注释

本法第4章规定了法律责任,其中主要对行政责任作了详细规定,本条同时强调,违反本法规定,构成违反治安管理行为的,依法给予治安管理处罚。

对于刑事责任,则应当根据《刑法》的规定处罚。例如,本法第8条规定经营者不得采用给予财物或者其他手段贿赂交易相对方的工作人员等单位或者个人,以谋取交易机会

或者竞争优势。根据《刑法》第164条第1款、第3款的规定,为谋取不正当利益,给予公司、企业或者其他单位的工作人员以财物,数额较大的,处3年以下有期徒刑或者拘役,并处罚金;数额巨大的,处3年以上10年以下有期徒刑,并处罚金。单位犯《刑法》第164条第1款罪的,对单位判处罚金,并对其直接负责的主管人员和其他直接责任人员,依照《刑法》第164条第1款的规定处罚。《刑法》第389条第1款规定,为谋取不正当利益,给予国家工作人员以财物的,是行贿罪。对于经营者违反本法第8条规定,构成犯罪的,应当依照《刑法》第164条、第389条等规定,追究其刑事责任。又如,本法第37条规定,监督检查部门的工作人员滥用职权、玩忽职守、徇私舞弊或者泄露调查过程中知悉的商业秘密、个人隐私或者个人信息的,依法给予处分。《刑法》第397条第1款规定,国家机关工作人员滥用职权或者玩忽职守,致使公共财产、国家和人民利益遭受重大损失的,处3年以下有期徒刑或者拘役;情节特别严重的,处3年以上7年以下有期徒刑。《刑法》另有规定的,依照规定。《刑法》第397条第2款规定,国家机关工作人员徇私舞弊,犯《刑法》第397条第1款罪的,处5年以下有期徒刑或者拘役;情节特别严重的,处5年以上10年以下有期徒刑。《刑法》另有规定的,依照规定。对于监督检查部门的工作人员滥用职权、玩忽职守、徇私舞弊致使公共财产、国家和人民利益遭受重大损失,构成犯罪的,应当依照《刑法》第397条等规定追究其刑事责任。

关联法规

《治安管理处罚法》;《刑法》

第三十九条 【举证责任的转移】在侵犯商业秘密的民事审判程序中,商业秘密权利人提供初步证据,证明其已经对所主张的商业秘密采取保密措施,且合理表明商业秘密被侵犯,涉嫌侵权人应当证明权利人所主张的商业秘密不属于本法规定的商业秘密。

商业秘密权利人提供初步证据合理表明商业秘密被侵犯,且提供以下证据之一的,涉嫌侵权人应当证明其不存在侵犯商业秘密的行为:

(一)有证据表明涉嫌侵权人有渠道或者机会获取商业秘密,且其使用的信息与该商业秘密实质上相同;

(二)有证据表明商业秘密已经被涉嫌侵权人披露、使用或者有被披露、使用的风险;

(三)有其他证据表明商业秘密被涉嫌侵权人侵犯。

条文注释

本条第 1 款规定,在侵犯商业秘密的民事审判程序中,只要商业秘密权利人能够提供初步证据,证明其已经对所主张的商业秘密采取保密措施,且合理表明商业秘密被侵犯,就应当由涉嫌侵权人证明权利人所主张的商业秘密不属于本法规定的商业秘密。该规定意味着,原本应由商业秘密权利人所承担的涉案信息的举证责任,在权利人尽到初步举证义务的情况下,将转移至被告方。商业秘密权利人提供初步证据合理表明商业秘密被侵犯的,涉嫌侵权人应当证明其不存在侵犯商业秘密的行为。

依据本条第 2 款规定,商业秘密权利人在能够提供初步证据表明商业秘密被涉嫌侵权人侵犯的情况下,也将由涉嫌侵权人承担不存在侵权行为的举证责任。本条规定显著降低了商业秘密权利人的举证难度和维权成本，增加了被告方的自证义务，在一定程度上会增强商业秘密权利人的维权信心，并有利于商业秘密权益的全面保护。

关联法规

《最高人民法院关于审理侵犯商业秘密民事案件适用法律若干问题的规定》第 13 条

第五章　附　　则

第四十条　【境外适用效力】在中华人民共和国境外实施本法规定的不正当竞争行为，扰乱境内市场竞争秩序，损害境内经营者或者消费者的合法权益的，依照本法以及有关法律的规定处理。

条文注释

为保护中国企业的合法权益不受境外不正当竞争行为的伤害，应当建立相应的规范机制，重点解决管辖权问题。因此，2025 年《反不正当竞争法》修订时新增了本条内容，本条款被认为是关于域外适用效力及长臂管辖的规定。需要说明的是，该域外适用与长臂管辖的制度性安排同时有助于防止中国企业出海后出现"内卷"现象，避免中国企业在海外市场陷入不正当竞争困境。

第四十一条　【施行日期】本法自 2025 年 10 月 15 日起施行。

条文注释

　　法律的施行日期也就是法律的生效日期，是法律实施不可缺少的部分。《立法法》第61条规定："法律应当明确规定施行日期。"一部法律何时开始生效，通常是由该法律的具体性质和实际需要决定的，我国立法实践中主要采用三种方式：一是规定该法律自公布之日起施行；二是规定该法律公布后一段期限截止后开始生效，具体时间为期限截止之时；三是直接规定该法律的具体生效时间，此种方式通常会为法律的实施留出一定的宣传和准备时间，是目前使用最多的方式，本法亦采用此方式。

附录一 新旧对照

《中华人民共和国反不正当竞争法》新旧条文对照表

（条文中黑体字部分为修改或新增内容；"删除线"为删除内容）

中华人民共和国反不正当竞争法（2019年修正）	中华人民共和国反不正当竞争法（2025年修订）
目　录 第一章　总　则 第二章　不正当竞争行为 第三章　对涉嫌不正当竞争行为的调查 第四章　法律责任 第五章　附　则	目　录 第一章　总　则 第二章　不正当竞争行为 第三章　对涉嫌不正当竞争行为的调查 第四章　法律责任 第五章　附　则
第一章　总　则	第一章　总　则
第一条　为了促进社会主义市场经济健康发展，鼓励和保护公平竞争，制止不正当竞争行为，保护经营者和消费者的合法权益，制定本法。	第一条　为了促进社会主义市场经济健康发展，鼓励和保护公平竞争，**预防**和制止不正当竞争行为，保护经营者和消费者的合法权益，制定本法。
第二条　经营者在生产经营活动中，应当遵循自愿、平等、公平、诚信的原则，遵守法律和商业道德。 　　本法所称的不正当竞争行为，	第二条　经营者在生产经营活动中，应当遵循自愿、平等、公平、诚信的原则，遵守法律和商业道德，**公平参与市场竞争**。

续表

中华人民共和国反不正当竞争法 （2019年修正）	中华人民共和国反不正当竞争法 （2025年修订）
是指经营者在生产经营活动中，违反本法规定，扰乱市场竞争秩序，损害其他经营者或者消费者的合法权益的行为。 　　本法所称的经营者，是指从事商品生产、经营或者提供服务（以下所称商品包括服务）的自然人、法人和非法人组织。	本法所称的不正当竞争行为，是指经营者在生产经营活动中，违反本法规定，扰乱市场竞争秩序，损害其他经营者或者消费者的合法权益的行为。 　　本法所称的经营者，是指从事商品生产、经营或者提供服务（以下所称商品包括服务）的自然人、法人和非法人组织。
无	第三条　反不正当竞争工作坚持中国共产党的领导。 　　国家健全完善反不正当竞争规则制度，加强反不正当竞争执法司法，维护市场竞争秩序，健全统一、开放、竞争、有序的市场体系。 　　国家建立健全公平竞争审查制度，依法加强公平竞争审查工作，保障各类经营者依法平等使用生产要素、公平参与市场竞争。
第三条　各级人民政府应当采取措施，制止不正当竞争行为，为公平竞争创造良好的环境和条件。 　　国务院建立反不正当竞争工作协调机制，研究决定反不正当竞争重大政策，协调处理维护市场竞争秩序的重大问题。	第四条　各级人民政府应当采取措施，**预防和**制止不正当竞争行为，为公平竞争创造良好的环境和条件。 　　国务院建立**健全**反不正当竞争工作协调机制，协调处理维护市场竞争秩序的重大问题。
第四条　县级以上人民政府履行**工商行政管理**职责的部门对不正当竞争行为进行**查处**；法律、行政法规规定由其他部门**查处**的，依照其规定。	第五条　县级以上人民政府履行**市场监督管理**职责的部门对不正当竞争行为进行**监督检查**；法律、行政法规规定由其他部门**监督检查**的，依照其规定。

续表

中华人民共和国反不正当竞争法 （2019年修正）	中华人民共和国反不正当竞争法 （2025年修订）
第五条　国家鼓励、支持和保护一切组织和个人对不正当竞争行为进行社会监督。 　　国家机关及其工作人员不得支持、包庇不正当竞争行为。 　　行业组织应当加强行业自律，引导、规范**会员**依法竞争，维护市场竞争秩序。	第六条　国家鼓励、支持和保护一切组织和个人对不正当竞争行为进行社会监督。 　　国家机关及其工作人员不得支持、包庇不正当竞争行为。 　　行业组织应当加强行业自律，引导、规范**本行业的经营者**依法竞争，维护市场竞争秩序。
第二章　不正当竞争行为	第二章　不正当竞争行为
第六条　经营者不得实施下列混淆行为，引人误认为是他人商品或者与他人存在特定联系： 　　（一）擅自使用与他人有一定影响的商品名称、包装、装潢等相同或者近似的标识； 　　（二）擅自使用他人有一定影响的企业名称（包括简称、字号等）、社会组织名称（包括简称等）、姓名（包括笔名、艺名、译名等）； 　　（三）擅自使用他人有一定影响的域名主体部分、网站名称、网页等； 　　（四）其他足以引人误认为是他人商品或者与他人存在特定联系的混淆行为。	第七条　经营者不得实施下列混淆行为，引人误认为是他人商品或者与他人存在特定联系： 　　（一）擅自使用与他人有一定影响的商品名称、包装、装潢等相同或者近似的标识； 　　（二）擅自使用他人有一定影响的名称（包括简称、字号等）、姓名（包括笔名、艺名、**网名**、译名等）； 　　（三）擅自使用他人有一定影响的域名主体部分、网站名称、网页、**新媒体账号名称、应用程序名称或者图标**等； 　　（四）其他足以引人误认为是他人商品或者与他人存在特定联系的混淆行为。 　　**擅自将他人注册商标、未注册的驰名商标作为企业名称中的字号使用，或者将他人商品名称、企业名称（包括简称、字号等）、注册商标、未注册的驰名商标等设置为搜索关**

中华人民共和国反不正当竞争法 （2019年修正）	中华人民共和国反不正当竞争法 （2025年修订）
	键词，引人误认为是他人商品或者与他人存在特定联系的，属于前款规定的混淆行为。 　　经营者不得帮助他人实施混淆行为。
第七条　经营者不得采用财物或者其他手段贿赂下列单位或者个人，以谋取交易机会或者竞争优势： 　　（一）交易相对方的工作人员； 　　（二）受交易相对方委托办理相关事务的单位或者个人； 　　（三）利用职权或者影响力影响交易的单位或者个人。 　　经营者在交易活动中，可以明示方式向交易相对方支付折扣，或者向中间人支付佣金。经营者向交易相对方支付折扣、向中间人支付佣金的，应当如实入账。接受折扣、佣金的经营者也应当如实入账。 　　经营者的工作人员进行贿赂的，应当认定为经营者的行为；但是，经营者有证据证明该工作人员的行为与为经营者谋取交易机会或者竞争优势无关的除外。	**第八条**　经营者不得采用**给予**财物或者其他手段贿赂下列单位或者个人，以谋取交易机会或者竞争优势： 　　（一）交易相对方的工作人员； 　　（二）受交易相对方委托办理相关事务的单位或者个人； 　　（三）利用职权或者影响力影响交易的单位或者个人。 　　**前款规定的单位和个人不得收受贿赂。** 　　经营者在交易活动中，可以明示方式向交易相对方支付折扣，或者向中间人支付佣金。经营者向交易相对方支付折扣、向中间人支付佣金的，应当如实入账。接受折扣、佣金的经营者也应当如实入账。 　　经营者的工作人员进行贿赂的，应当认定为经营者的行为；但是，经营者有证据证明该工作人员的行为与为经营者谋取交易机会或者竞争优势无关的除外。
第八条　经营者不得对其商品的性能、功能、质量、销售状况、用户评价、曾获荣誉等作虚假或者引人误解的商业宣传，欺骗、误导消费者。	**第九条**　经营者不得对其商品的性能、功能、质量、销售状况、用户评价、曾获荣誉等作虚假或者引人误解的商业宣传，欺骗、误导消费者

续表

中华人民共和国反不正当竞争法 （2019年修正）	中华人民共和国反不正当竞争法 （2025年修订）
经营者不得通过组织虚假交易等方式，帮助其他经营者进行虚假或者引人误解的商业宣传。	和其他经营者。 经营者不得通过组织虚假交易、**虚假评价**等方式，帮助其他经营者进行虚假或者引人误解的商业宣传。
第九条　经营者不得实施下列侵犯商业秘密的行为： （一）以盗窃、贿赂、欺诈、胁迫、电子侵入或者其他不正当手段获取权利人的商业秘密； （二）披露、使用或者允许他人使用以前项手段获取的权利人的商业秘密； （三）违反保密义务或者违反权利人有关保守商业秘密的要求，披露、使用或者允许他人使用其所掌握的商业秘密； （四）教唆、引诱、帮助他人违反保密义务或者违反权利人有关保守商业秘密的要求，获取、披露、使用或者允许他人使用权利人的商业秘密。 经营者以外的其他自然人、法人和非法人组织实施前款所列违法行为的，视为侵犯商业秘密。 第三人明知或者应知商业秘密权利人的员工、前员工或者其他单位、个人实施本条第一款所列违法行为，仍获取、披露、使用或者允许他人使用该商业秘密的，视为侵犯商业秘密。	第十条　经营者不得实施下列侵犯商业秘密的行为： （一）以盗窃、贿赂、欺诈、胁迫、电子侵入或者其他不正当手段获取权利人的商业秘密； （二）披露、使用或者允许他人使用以前项手段获取的权利人的商业秘密； （三）违反保密义务或者违反权利人有关保守商业秘密的要求，披露、使用或者允许他人使用其所掌握的商业秘密； （四）教唆、引诱、帮助他人违反保密义务或者违反权利人有关保守商业秘密的要求，获取、披露、使用或者允许他人使用权利人的商业秘密。 经营者以外的其他自然人、法人和非法人组织实施前款所列违法行为的，视为侵犯商业秘密。 第三人明知或者应知商业秘密权利人的员工、前员工或者其他单位、个人实施本条第一款所列违法行为，仍获取、披露、使用或者允许他人使用该商业秘密的，视为侵犯商业秘密。

续表

中华人民共和国反不正当竞争法 （2019年修正）	中华人民共和国反不正当竞争法 （2025年修订）
本法所称的商业秘密，是指不为公众所知悉、具有商业价值并经权利人采取相应保密措施的技术信息、经营信息等商业信息。	本法所称的商业秘密，是指不为公众所知悉、具有商业价值并经权利人采取相应保密措施的技术信息、经营信息等商业信息。
第十条　经营者进行有奖销售不得存在下列情形： （一）所设奖的种类、兑奖条件、奖金金额或者奖品等有奖销售信息不明确，影响兑奖； （二）采用谎称有奖或者故意让内定人员中奖的欺骗方式进行有奖销售； （三）抽奖式的有奖销售，最高奖的金额超过五万元。	第十一条　经营者进行有奖销售不得存在下列情形： （一）所设奖的种类、兑奖条件、奖金金额或者奖品等有奖销售信息不明确，影响兑奖； （二）**有奖销售活动开始后，无正当理由变更所设奖的种类、兑奖条件、奖金金额或者奖品等有奖销售信息；** （三）采用谎称有奖或者故意让内定人员中奖**等**欺骗方式进行有奖销售； （四）抽奖式的有奖销售，最高奖的金额超过五万元。
第十一条　经营者不得编造、传播虚假信息或者误导性信息，损害**竞争对手**的商业信誉、商品声誉。	第十二条　经营者不得编造、传播**或者指使他人编造、传播**虚假信息或者误导性信息，损害**其他经营者**的商业信誉、商品声誉。
第十二条　经营者利用网络从事生产经营活动，应当遵守本法的各项规定。 经营者不得利用**技术手段**，通过影响用户选择或者其他方式，实施下列妨碍、破坏其他经营者合法提供的网络产品或者服务正常运行的行为：	第十三条　经营者利用网络从事生产经营活动，应当遵守本法的各项规定。 经营者不得利用**数据和算法、技术、平台规则等**，通过影响用户选择或者其他方式，实施下列妨碍、破坏其他经营者合法提供的网络产品或者服务正常运行的行为：

中华人民共和国反不正当竞争法（2019年修正）	中华人民共和国反不正当竞争法（2025年修订）
（一）未经其他经营者同意，在其合法提供的网络产品或者服务中，插入链接、强制进行目标跳转； （二）误导、欺骗、强迫用户修改、关闭、卸载其他经营者合法提供的网络产品或者服务； （三）恶意对其他经营者合法提供的网络产品或者服务实施不兼容； （四）其他妨碍、破坏其他经营者合法提供的网络产品或者服务正常运行的行为。	（一）未经其他经营者同意，在其合法提供的网络产品或者服务中，插入链接、强制进行目标跳转； （二）误导、欺骗、强迫用户修改、关闭、卸载其他经营者合法提供的网络产品或者服务； （三）恶意对其他经营者合法提供的网络产品或者服务实施不兼容； （四）其他妨碍、破坏其他经营者合法提供的网络产品或者服务正常运行的行为。 **经营者不得以欺诈、胁迫、避开或者破坏技术管理措施等不正当方式，获取、使用其他经营者合法持有的数据，损害其他经营者的合法权益，扰乱市场竞争秩序。** **经营者不得滥用平台规则，直接或者指使他人对其他经营者实施虚假交易、虚假评价或者恶意退货等行为，损害其他经营者的合法权益，扰乱市场竞争秩序。**
无	**第十四条** 平台经营者不得强制或者变相强制平台内经营者按照其定价规则，以低于成本的价格销售商品，扰乱市场竞争秩序。
无	**第十五条** 大型企业等经营者不得滥用自身资金、技术、交易渠道、行业影响力等方面的优势地位，要求中小企业接受明显不合理的付款期限、方式、条件和违约责任等交

续表

中华人民共和国反不正当竞争法（2019年修正）	中华人民共和国反不正当竞争法（2025年修订）
	易条件，拖欠中小企业的货物、工程、服务等账款。
第三章　对涉嫌不正当竞争行为的调查	第三章　对涉嫌不正当竞争行为的调查
第十三条　监督检查部门调查涉嫌不正当竞争行为，可以采取下列措施： 　　（一）进入涉嫌不正当竞争行为的经营场所进行检查； 　　（二）询问被调查的经营者、利害关系人及其他有关单位、个人，要求其说明有关情况或者提供与被调查行为有关的其他资料； 　　（三）查询、复制与涉嫌不正当竞争行为有关的协议、账簿、单据、文件、记录、业务函电和其他资料； 　　（四）查封、扣押与涉嫌不正当竞争行为有关的财物； 　　（五）查询涉嫌不正当竞争行为的经营者的银行账户。 　　采取前款规定的措施，应当向监督检查部门主要负责人书面报告，并经批准。采取前款第四项、第五项规定的措施，应当向设区的市级以上人民政府监督检查部门主要负责人书面报告，并经批准。 　　监督检查部门调查涉嫌不正当竞争行为，应当遵守《中华人民共和国行政强制法》和其他有关法律、行政法规的规定，并应当将查处结果及时向社会公开。	第十六条　监督检查部门调查涉嫌不正当竞争行为，可以采取下列措施： 　　（一）进入涉嫌不正当竞争行为的经营场所进行检查； 　　（二）询问被调查的经营者、利害关系人及其他有关单位、个人，要求其说明有关情况或者提供与被调查行为有关的其他资料； 　　（三）查询、复制与涉嫌不正当竞争行为有关的协议、账簿、单据、文件、记录、业务函电和其他资料； 　　（四）查封、扣押与涉嫌不正当竞争行为有关的财物； 　　（五）查询涉嫌不正当竞争行为的经营者的银行账户。 　　采取前款规定的措施，应当向监督检查部门主要负责人书面报告，并经批准。采取前款第四项、第五项规定的措施，应当向设区的市级以上人民政府监督检查部门主要负责人书面报告，并经批准。 　　监督检查部门调查涉嫌不正当竞争行为，应当遵守《中华人民共和国行政强制法》和其他有关法律、行政法规的规定，并应当**依法**将查处结果及时向社会公开。

续表

中华人民共和国反不正当竞争法 （2019年修正）	中华人民共和国反不正当竞争法 （2025年修订）
第十四条　监督检查部门调查涉嫌不正当竞争行为，被调查的经营者、利害关系人及其他有关单位、个人应当如实提供有关资料或者情况。	第十七条　监督检查部门调查涉嫌不正当竞争行为，被调查的经营者、利害关系人及其他有关单位、个人应当如实提供有关资料或者情况。
无	**第十八条　经营者涉嫌违反本法规定的，监督检查部门可以对其有关负责人进行约谈，要求其说明情况、提出改进措施。**
第十五条　监督检查部门及其工作人员对调查过程中知悉的商业秘密负有保密义务。	第十九条　监督检查部门及其工作人员对调查过程中知悉的商业秘密、**个人隐私和个人信息依法**负有保密义务。
第十六条　对涉嫌不正当竞争行为，任何单位和个人有权向监督检查部门举报，监督检查部门接到举报后应当依法及时处理。 监督检查部门应当向社会公开受理举报的电话、信箱或者电子邮件地址，并为举报人保密。对实名举报并提供相关事实和证据的，监督检查部门应当将处理结果告知举报人。	第二十条　对涉嫌不正当竞争行为，任何单位和个人有权向监督检查部门举报，监督检查部门接到举报后应当依法及时处理。 监督检查部门应当向社会公开受理举报的电话、信箱或者电子邮件地址，并为举报人保密。对实名举报并提供相关事实和证据的，监督检查部门应当将处理结果**及时**告知举报人。
无	**第二十一条　平台经营者应当在平台服务协议和交易规则中明确平台内公平竞争规则，建立不正当竞争举报投诉和纠纷处理机制，引导、规范平台内经营者依法公平竞争；发现平台内经营者实施不正当竞争行为的，应当及时依法采取必**

续表

中华人民共和国反不正当竞争法 （2019年修正）	中华人民共和国反不正当竞争法 （2025年修订）
	要的处置措施，保存有关记录，并按规定向平台经营者住所地县级以上人民政府监督检查部门报告。
第四章　法律责任	第四章　法律责任
第十七条　经营者违反本法规定，给他人造成损害的，应当依法承担民事责任。 　　经营者的合法权益受到不正当竞争行为损害的，可以向人民法院提起诉讼。 　　因不正当竞争行为受到损害的经营者的赔偿数额，按照其因被侵权所受到的实际损失确定；实际损失**难以计算的，**按照侵权人因侵权所获得的利益确定。经营者**恶意**实施侵犯商业秘密行为，情节严重的，可以在按照上述方法确定数额的一倍以上五倍以下确定赔偿数额。赔偿数额还应当包括经营者为制止侵权行为所支付的合理开支。 　　经营者违反本法第六条、第九条规定，权利人因被侵权所受到的实际损失、侵权人因侵权所获得的利益难以确定的，由人民法院根据侵权行为的情节判决给予权利人五百万元以下的赔偿。	第二十二条　经营者违反本法规定，给他人造成损害的，应当依法承担民事责任。 　　经营者的合法权益受到不正当竞争行为损害的，可以向人民法院提起诉讼。 　　因不正当竞争行为受到损害的经营者的赔偿数额，按照其因被侵权所受到的实际损失**或者**侵权人因侵权所获得的利益确定。经营者**故意**实施侵犯商业秘密行为，情节严重的，可以在按照上述方法确定数额的一倍以上五倍以下确定赔偿数额。赔偿数额还应当包括经营者为制止侵权行为所支付的合理开支。 　　经营者违反本法第七条、第十条规定，权利人因被侵权所受到的实际损失、侵权人因侵权所获得的利益难以确定的，由人民法院根据侵权行为的情节判决给予权利人五百万元以下的赔偿。
第十八条　经营者违反本法第六条规定实施混淆行为的，由监督检查部门责令停止违法行为，没收违法商品。违法经营额五万元以上	第二十三条　经营者违反本法第七条规定实施混淆行为**或者帮助他人实施混淆行为**的，由监督检查部门责令停止违法行为，没收违法

续表

中华人民共和国反不正当竞争法 （2019年修正）	中华人民共和国反不正当竞争法 （2025年修订）
的,可以并处违法经营额五倍以下的罚款;没有违法经营额或者违法经营额不足五万元的,可以并处二十五万元以下的罚款。情节严重的,吊销营业执照。 　　经营者登记的企业名称违反本法第六条规定的,应当及时办理名称变更登记;名称变更前,由原企业登记机关以统一社会信用代码代替其名称。	商品。违法经营额五万元以上的,可以并处违法经营额五倍以下的罚款;没有违法经营额或者违法经营额不足五万元的,可以并处二十五万元以下的罚款;情节严重的,**并处吊销营业执照**。 　　**销售本法第七条规定的违法商品的,依照前款规定予以处罚;销售者不知道其销售的商品属于违法商品,能证明该商品是自己合法取得并说明提供者的,由监督检查部门责令停止销售,不予行政处罚。** 　　经营者登记的名称违反本法第七条规定的,应当及时办理名称变更登记;名称变更前,由登记机关以统一社会信用代码代替其名称。
第十九条　经营者违反本法第七条规定贿赂他人的,由监督检查部门没收违法所得,处十万元以上三百万元以下的罚款。情节严重的,吊销营业执照。	**第二十四条**　有关单位违反本法第八条规定贿赂他人**或者收受贿赂**的,由监督检查部门没收违法所得,处十万元以上一百万元以下的罚款;情节严重的,**处一百万元以上五百万元以下的罚款,可以并处**吊销营业执照。 　　**经营者的法定代表人、主要负责人和直接责任人员对实施贿赂负有个人责任,以及有关个人收受贿赂的,由监督检查部门没收违法所得,处一百万元以下的罚款。**
第二十条　经营者违反本法第八条规定对其商品作虚假或者引人误解的商业宣传,或者通过组织虚	**第二十五条**　经营者违反本法**第九条**规定对其商品作虚假或者引人误解的商业宣传,或者通过组织

续表

中华人民共和国反不正当竞争法（2019年修正）	中华人民共和国反不正当竞争法（2025年修订）
假交易等方式帮助其他经营者进行虚假或者引人误解的商业宣传的，由监督检查部门责令停止违法行为，处二十万元以上一百万元以下的罚款；情节严重的，处一百万元以上二百万元以下的罚款，可以吊销营业执照。 经营者违反本法第八条规定，属于发布虚假广告的，依照《中华人民共和国广告法》的规定处罚。	**虚假交易、虚假评价**等方式帮助其他经营者进行虚假或者引人误解的商业宣传的，由监督检查部门责令停止违法行为，处一百万元以下的罚款；情节严重的，处一百万元以上二百万元以下的罚款，可以**并处**吊销营业执照。 经营者违反本法第**九**条规定，属于发布虚假广告的，依照《中华人民共和国广告法》的规定处罚。
第二十一条　经营者以及其他自然人、法人和非法人组织违反本法第九条规定侵犯商业秘密的，由监督检查部门责令停止违法行为，没收违法所得，处十万元以上一百万元以下的罚款；情节严重的，处五十万元以上五百万元以下的罚款。	第二十六条　经营者以及其他自然人、法人和非法人组织违反本法第**十**条规定侵犯商业秘密的，由监督检查部门责令停止违法行为，没收违法所得，处十万元以上一百万元以下的罚款；情节严重的，处**一百**万元以上五百万元以下的罚款。
第二十二条　经营者违反本法第十条规定进行有奖销售的，由监督检查部门责令停止违法行为，处五万元以上五十万元以下的罚款。	第二十七条　经营者违反本法第**十一**条规定进行有奖销售的，由监督检查部门责令停止违法行为，处五万元以上五十万元以下的罚款。
第二十三条　经营者违反本法第十一条规定损害**竞争对手**商业信誉、商品声誉的，由监督检查部门责令停止违法行为、消除影响，处十万元以上五十万元以下的罚款；情节严重的，处五十万元以上三百万元以下的罚款。	第二十八条　经营者违反本法第**十二**条规定损害**其他经营者**商业信誉、商品声誉的，由监督检查部门责令停止违法行为、消除影响，处十万元以上**一百**万元以下的罚款；情节严重的，处**一百**万元以上**五百**万元以下的罚款。

续表

中华人民共和国反不正当竞争法 （2019年修正）	中华人民共和国反不正当竞争法 （2025年修订）
第二十四条 经营者违反本法第十二条规定**妨碍、破坏其他经营者合法提供的网络产品或者服务正常运行的**，由监督检查部门责令停止违法行为，处十万元以上五十万元以下的罚款；情节严重的，处五十万元以上三百万元以下的罚款。	第二十九条 经营者违反本法第十三条第二款、第三款、第四款规定利用网络从事不正当竞争的，由监督检查部门责令停止违法行为，处十万元以上一百万元以下的罚款；情节严重的，处一百万元以上五百万元以下的罚款。
无	第三十条 平台经营者违反本法第十四条规定强制或者变相强制平台内经营者以低于成本的价格销售商品的，由监督检查部门责令停止违法行为，处五万元以上五十万元以下的罚款；情节严重的，处五十万元以上二百万元以下的罚款。
无	第三十一条 经营者违反本法第十五条规定滥用自身优势地位的，由省级以上人民政府监督检查部门责令限期改正，逾期不改正的，处一百万元以下的罚款；情节严重的，处一百万元以上五百万元以下的罚款。
第二十五条 经营者违反本法规定从事不正当竞争，有主动消除或者减轻违法行为危害后果等法定情形的，依法从轻或者减轻行政处罚；违法行为轻微并及时纠正，没有造成危害后果的，不予行政处罚。	第三十二条 经营者违反本法规定从事不正当竞争，有主动消除或者减轻违法行为危害后果等法定情形的，依法从轻或者减轻行政处罚；违法行为轻微并及时纠正，没有造成危害后果的，不予行政处罚。

续表

中华人民共和国反不正当竞争法 （2019 年修正）	中华人民共和国反不正当竞争法 （2025 年修订）
第二十六条　经营者违反本法规定从事不正当竞争，受到行政处罚的，由监督检查部门记入信用记录，并依照有关法律、行政法规的规定予以公示。	第三十三条　经营者违反本法规定从事不正当竞争，受到行政处罚的，由监督检查部门记入信用记录，并依照有关法律、行政法规的规定予以公示。
第二十七条　经营者违反本法规定，应当承担民事责任、行政责任和刑事责任，其财产不足以支付的，优先用于承担民事责任。	第三十四条　经营者违反本法规定，应当承担民事责任、行政责任和刑事责任，其财产不足以支付的，优先用于承担民事责任。
第二十八条　妨害监督检查部门依照本法履行职责，拒绝、阻碍调查的，由监督检查部门责令改正，对个人可以处**五千元**以下的罚款，对单位可以处**五万元**以下的罚款，并可以由公安机关依法给予治安管理处罚。	第三十五条　妨害监督检查部门依照本法履行职责，拒绝、阻碍调查的，由监督检查部门责令改正，对个人可以处**一万元**以下的罚款，对单位可以处**十万元**以下的罚款。
第二十九条　当事人对监督检查部门作出的决定不服的，可以依法申请行政复议或者提起行政诉讼。	第三十六条　当事人对监督检查部门作出的决定不服的，可以依法申请行政复议或者提起行政诉讼。
第三十条　监督检查部门的工作人员滥用职权、玩忽职守、徇私舞弊或者泄露调查过程中知悉的商业秘密的，依法给予处分。	第三十七条　监督检查部门的工作人员滥用职权、玩忽职守、徇私舞弊或者泄露调查过程中知悉的商业秘密、**个人隐私或者个人信息**的，依法给予处分。
第三十一条　违反本法规定，构成犯罪的，依法追究刑事责任。	第三十八条　违反本法规定，**构成违反治安管理行为的，依法给予治安管理处罚**；构成犯罪的，依法追究刑事责任。

续表

中华人民共和国反不正当竞争法 （2019 年修正）	中华人民共和国反不正当竞争法 （2025 年修订）
第三十二条 在侵犯商业秘密的民事审判程序中，商业秘密权利人提供初步证据，证明其已经对所主张的商业秘密采取保密措施，且合理表明商业秘密被侵犯，涉嫌侵权人应当证明权利人所主张的商业秘密不属于本法规定的商业秘密。 商业秘密权利人提供初步证据合理表明商业秘密被侵犯，且提供以下证据之一的，涉嫌侵权人应当证明其不存在侵犯商业秘密的行为： （一）有证据表明涉嫌侵权人有渠道或者机会获取商业秘密，且其使用的信息与该商业秘密实质上相同； （二）有证据表明商业秘密已经被涉嫌侵权人披露、使用或者有被披露、使用的风险； （三）有其他证据表明商业秘密被涉嫌侵权人侵犯。	第三十九条 在侵犯商业秘密的民事审判程序中，商业秘密权利人提供初步证据，证明其已经对所主张的商业秘密采取保密措施，且合理表明商业秘密被侵犯，涉嫌侵权人应当证明权利人所主张的商业秘密不属于本法规定的商业秘密。 商业秘密权利人提供初步证据合理表明商业秘密被侵犯，且提供以下证据之一的，涉嫌侵权人应当证明其不存在侵犯商业秘密的行为： （一）有证据表明涉嫌侵权人有渠道或者机会获取商业秘密，且其使用的信息与该商业秘密实质上相同； （二）有证据表明商业秘密已经被涉嫌侵权人披露、使用或者有被披露、使用的风险； （三）有其他证据表明商业秘密被涉嫌侵权人侵犯。
第五章 附 则	第五章 附 则
无	第四十条 在中华人民共和国境外实施本法规定的不正当竞争行为，扰乱境内市场竞争秩序，损害境内经营者或者消费者的合法权益的，依照本法以及有关法律的规定处理。
第三十三条 本法自 2018 年 1 月 1 日起施行。	第四十一条 本法自 2025 年 10 月 15 日起施行。

附录二　相关法规

中华人民共和国反垄断法

（2007年8月30日第十届全国人民代表大会常务委员会第二十九次会议通过　根据2022年6月24日第十三届全国人民代表大会常务委员会第三十五次会议《关于修改〈中华人民共和国反垄断法〉的决定》修正）

第一章　总　　则

第一条　为了预防和制止垄断行为，保护市场公平竞争，鼓励创新，提高经济运行效率，维护消费者利益和社会公共利益，促进社会主义市场经济健康发展，制定本法。

第二条　中华人民共和国境内经济活动中的垄断行为，适用本法；中华人民共和国境外的垄断行为，对境内市场竞争产生排除、限制影响的，适用本法。

第三条　本法规定的垄断行为包括：

（一）经营者达成垄断协议；

（二）经营者滥用市场支配地位；

（三）具有或者可能具有排除、限制竞争效果的经营者集中。

第四条　反垄断工作坚持中国共产党的领导。

国家坚持市场化、法治化原则,强化竞争政策基础地位,制定和实施与社会主义市场经济相适应的竞争规则,完善宏观调控,健全统一、开放、竞争、有序的市场体系。

第五条 国家建立健全公平竞争审查制度。

行政机关和法律、法规授权的具有管理公共事务职能的组织在制定涉及市场主体经济活动的规定时,应当进行公平竞争审查。

第六条 经营者可以通过公平竞争、自愿联合,依法实施集中,扩大经营规模,提高市场竞争能力。

第七条 具有市场支配地位的经营者,不得滥用市场支配地位,排除、限制竞争。

第八条 国有经济占控制地位的关系国民经济命脉和国家安全的行业以及依法实行专营专卖的行业,国家对其经营者的合法经营活动予以保护,并对经营者的经营行为及其商品和服务的价格依法实施监管和调控,维护消费者利益,促进技术进步。

前款规定行业的经营者应当依法经营,诚实守信,严格自律,接受社会公众的监督,不得利用其控制地位或者专营专卖地位损害消费者利益。

第九条 经营者不得利用数据和算法、技术、资本优势以及平台规则等从事本法禁止的垄断行为。

第十条 行政机关和法律、法规授权的具有管理公共事务职能的组织不得滥用行政权力,排除、限制竞争。

第十一条 国家健全完善反垄断规则制度,强化反垄断监管力量,提高监管能力和监管体系现代化水平,加强反垄断执法司法,依法公正高效审理垄断案件,健全行政执法和司法衔接机制,维护公平竞争秩序。

第十二条 国务院设立反垄断委员会,负责组织、协调、指导反垄断工作,履行下列职责:

（一）研究拟订有关竞争政策；
（二）组织调查、评估市场总体竞争状况，发布评估报告；
（三）制定、发布反垄断指南；
（四）协调反垄断行政执法工作；
（五）国务院规定的其他职责。

国务院反垄断委员会的组成和工作规则由国务院规定。

第十三条 国务院反垄断执法机构负责反垄断统一执法工作。

国务院反垄断执法机构根据工作需要，可以授权省、自治区、直辖市人民政府相应的机构，依照本法规定负责有关反垄断执法工作。

第十四条 行业协会应当加强行业自律，引导本行业的经营者依法竞争，合规经营，维护市场竞争秩序。

第十五条 本法所称经营者，是指从事商品生产、经营或者提供服务的自然人、法人和非法人组织。

本法所称相关市场，是指经营者在一定时期内就特定商品或者服务（以下统称商品）进行竞争的商品范围和地域范围。

第二章 垄断协议

第十六条 本法所称垄断协议，是指排除、限制竞争的协议、决定或者其他协同行为。

第十七条 禁止具有竞争关系的经营者达成下列垄断协议：
（一）固定或者变更商品价格；
（二）限制商品的生产数量或者销售数量；
（三）分割销售市场或者原材料采购市场；
（四）限制购买新技术、新设备或者限制开发新技术、新产品；
（五）联合抵制交易；
（六）国务院反垄断执法机构认定的其他垄断协议。

第十八条 禁止经营者与交易相对人达成下列垄断协议：

（一）固定向第三人转售商品的价格；

（二）限定向第三人转售商品的最低价格；

（三）国务院反垄断执法机构认定的其他垄断协议。

对前款第一项和第二项规定的协议，经营者能够证明其不具有排除、限制竞争效果的，不予禁止。

经营者能够证明其在相关市场的市场份额低于国务院反垄断执法机构规定的标准，并符合国务院反垄断执法机构规定的其他条件的，不予禁止。

第十九条 经营者不得组织其他经营者达成垄断协议或者为其他经营者达成垄断协议提供实质性帮助。

第二十条 经营者能够证明所达成的协议属于下列情形之一的，不适用本法第十七条、第十八条第一款、第十九条的规定：

（一）为改进技术、研究开发新产品的；

（二）为提高产品质量、降低成本、增进效率，统一产品规格、标准或者实行专业化分工的；

（三）为提高中小经营者经营效率，增强中小经营者竞争力的；

（四）为实现节约能源、保护环境、救灾救助等社会公共利益的；

（五）因经济不景气，为缓解销售量严重下降或者生产明显过剩的；

（六）为保障对外贸易和对外经济合作中的正当利益的；

（七）法律和国务院规定的其他情形。

属于前款第一项至第五项情形，不适用本法第十七条、第十八条第一款、第十九条规定的，经营者还应当证明所达成的协议不会严重限制相关市场的竞争，并且能够使消费者分享由此产生的利益。

第二十一条 行业协会不得组织本行业的经营者从事本章禁止的垄断行为。

第三章　滥用市场支配地位

第二十二条　禁止具有市场支配地位的经营者从事下列滥用市场支配地位的行为：

（一）以不公平的高价销售商品或者以不公平的低价购买商品；

（二）没有正当理由，以低于成本的价格销售商品；

（三）没有正当理由，拒绝与交易相对人进行交易；

（四）没有正当理由，限定交易相对人只能与其进行交易或者只能与其指定的经营者进行交易；

（五）没有正当理由搭售商品，或者在交易时附加其他不合理的交易条件；

（六）没有正当理由，对条件相同的交易相对人在交易价格等交易条件上实行差别待遇；

（七）国务院反垄断执法机构认定的其他滥用市场支配地位的行为。

具有市场支配地位的经营者不得利用数据和算法、技术以及平台规则等从事前款规定的滥用市场支配地位的行为。

本法所称市场支配地位，是指经营者在相关市场内具有能够控制商品价格、数量或者其他交易条件，或者能够阻碍、影响其他经营者进入相关市场能力的市场地位。

第二十三条　认定经营者具有市场支配地位，应当依据下列因素：

（一）该经营者在相关市场的市场份额，以及相关市场的竞争状况；

（二）该经营者控制销售市场或者原材料采购市场的能力；

（三）该经营者的财力和技术条件；

(四)其他经营者对该经营者在交易上的依赖程度;
(五)其他经营者进入相关市场的难易程度;
(六)与认定该经营者市场支配地位有关的其他因素。

第二十四条 有下列情形之一的,可以推定经营者具有市场支配地位:
(一)一个经营者在相关市场的市场份额达到二分之一的;
(二)两个经营者在相关市场的市场份额合计达到三分之二的;
(三)三个经营者在相关市场的市场份额合计达到四分之三的。

有前款第二项、第三项规定的情形,其中有的经营者市场份额不足十分之一的,不应当推定该经营者具有市场支配地位。

被推定具有市场支配地位的经营者,有证据证明不具有市场支配地位的,不应当认定其具有市场支配地位。

第四章 经营者集中

第二十五条 经营者集中是指下列情形:
(一)经营者合并;
(二)经营者通过取得股权或者资产的方式取得对其他经营者的控制权;
(三)经营者通过合同等方式取得对其他经营者的控制权或者能够对其他经营者施加决定性影响。

第二十六条 经营者集中达到国务院规定的申报标准的,经营者应当事先向国务院反垄断执法机构申报,未申报的不得实施集中。

经营者集中未达到国务院规定的申报标准,但有证据证明该经营者集中具有或者可能具有排除、限制竞争效果的,国务院反垄断执法机构可以要求经营者申报。

经营者未依照前两款规定进行申报的,国务院反垄断执法机构应当依法进行调查。

第二十七条 经营者集中有下列情形之一的,可以不向国务院反垄断执法机构申报:

(一)参与集中的一个经营者拥有其他每个经营者百分之五十以上有表决权的股份或者资产的;

(二)参与集中的每个经营者百分之五十以上有表决权的股份或者资产被同一个未参与集中的经营者拥有的。

第二十八条 经营者向国务院反垄断执法机构申报集中,应当提交下列文件、资料:

(一)申报书;

(二)集中对相关市场竞争状况影响的说明;

(三)集中协议;

(四)参与集中的经营者经会计师事务所审计的上一会计年度财务会计报告;

(五)国务院反垄断执法机构规定的其他文件、资料。

申报书应当载明参与集中的经营者的名称、住所、经营范围、预定实施集中的日期和国务院反垄断执法机构规定的其他事项。

第二十九条 经营者提交的文件、资料不完备的,应当在国务院反垄断执法机构规定的期限内补交文件、资料。经营者逾期未补交文件、资料的,视为未申报。

第三十条 国务院反垄断执法机构应当自收到经营者提交的符合本法第二十八条规定的文件、资料之日起三十日内,对申报的经营者集中进行初步审查,作出是否实施进一步审查的决定,并书面通知经营者。国务院反垄断执法机构作出决定前,经营者不得实施集中。

国务院反垄断执法机构作出不实施进一步审查的决定或者逾期未作出决定的,经营者可以实施集中。

第三十一条 国务院反垄断执法机构决定实施进一步审查的,

应当自决定之日起九十日内审查完毕,作出是否禁止经营者集中的决定,并书面通知经营者。作出禁止经营者集中的决定,应当说明理由。审查期间,经营者不得实施集中。

有下列情形之一的,国务院反垄断执法机构经书面通知经营者,可以延长前款规定的审查期限,但最长不得超过六十日:

(一)经营者同意延长审查期限的;

(二)经营者提交的文件、资料不准确,需要进一步核实的;

(三)经营者申报后有关情况发生重大变化的。

国务院反垄断执法机构逾期未作出决定的,经营者可以实施集中。

第三十二条 有下列情形之一的,国务院反垄断执法机构可以决定中止计算经营者集中的审查期限,并书面通知经营者:

(一)经营者未按照规定提交文件、资料,导致审查工作无法进行;

(二)出现对经营者集中审查具有重大影响的新情况、新事实,不经核实将导致审查工作无法进行;

(三)需要对经营者集中附加的限制性条件进一步评估,且经营者提出中止请求。

自中止计算审查期限的情形消除之日起,审查期限继续计算,国务院反垄断执法机构应当书面通知经营者。

第三十三条 审查经营者集中,应当考虑下列因素:

(一)参与集中的经营者在相关市场的市场份额及其对市场的控制力;

(二)相关市场的市场集中度;

(三)经营者集中对市场进入、技术进步的影响;

(四)经营者集中对消费者和其他有关经营者的影响;

(五)经营者集中对国民经济发展的影响;

（六）国务院反垄断执法机构认为应当考虑的影响市场竞争的其他因素。

第三十四条　经营者集中具有或者可能具有排除、限制竞争效果的，国务院反垄断执法机构应当作出禁止经营者集中的决定。但是，经营者能够证明该集中对竞争产生的有利影响明显大于不利影响，或者符合社会公共利益的，国务院反垄断执法机构可以作出对经营者集中不予禁止的决定。

第三十五条　对不予禁止的经营者集中，国务院反垄断执法机构可以决定附加减少集中对竞争产生不利影响的限制性条件。

第三十六条　国务院反垄断执法机构应当将禁止经营者集中的决定或者对经营者集中附加限制性条件的决定，及时向社会公布。

第三十七条　国务院反垄断执法机构应当健全经营者集中分类分级审查制度，依法加强对涉及国计民生等重要领域的经营者集中的审查，提高审查质量和效率。

第三十八条　对外资并购境内企业或者以其他方式参与经营者集中，涉及国家安全的，除依照本法规定进行经营者集中审查外，还应当按照国家有关规定进行国家安全审查。

第五章　滥用行政权力排除、限制竞争

第三十九条　行政机关和法律、法规授权的具有管理公共事务职能的组织不得滥用行政权力，限定或者变相限定单位或者个人经营、购买、使用其指定的经营者提供的商品。

第四十条　行政机关和法律、法规授权的具有管理公共事务职能的组织不得滥用行政权力，通过与经营者签订合作协议、备忘录等方式，妨碍其他经营者进入相关市场或者对其他经营者实行不平等待遇，排除、限制竞争。

第四十一条　行政机关和法律、法规授权的具有管理公共事务职能的组织不得滥用行政权力，实施下列行为，妨碍商品在地区之间的自由流通：

（一）对外地商品设定歧视性收费项目、实行歧视性收费标准，或者规定歧视性价格；

（二）对外地商品规定与本地同类商品不同的技术要求、检验标准，或者对外地商品采取重复检验、重复认证等歧视性技术措施，限制外地商品进入本地市场；

（三）采取专门针对外地商品的行政许可，限制外地商品进入本地市场；

（四）设置关卡或者采取其他手段，阻碍外地商品进入或者本地商品运出；

（五）妨碍商品在地区之间自由流通的其他行为。

第四十二条　行政机关和法律、法规授权的具有管理公共事务职能的组织不得滥用行政权力，以设定歧视性资质要求、评审标准或者不依法发布信息等方式，排斥或者限制经营者参加招标投标以及其他经营活动。

第四十三条　行政机关和法律、法规授权的具有管理公共事务职能的组织不得滥用行政权力，采取与本地经营者不平等待遇等方式，排斥、限制、强制或者变相强制外地经营者在本地投资或者设立分支机构。

第四十四条　行政机关和法律、法规授权的具有管理公共事务职能的组织不得滥用行政权力，强制或者变相强制经营者从事本法规定的垄断行为。

第四十五条　行政机关和法律、法规授权的具有管理公共事务职能的组织不得滥用行政权力，制定含有排除、限制竞争内容的规定。

第六章　对涉嫌垄断行为的调查

第四十六条　反垄断执法机构依法对涉嫌垄断行为进行调查。

对涉嫌垄断行为,任何单位和个人有权向反垄断执法机构举报。反垄断执法机构应当为举报人保密。

举报采用书面形式并提供相关事实和证据的,反垄断执法机构应当进行必要的调查。

第四十七条　反垄断执法机构调查涉嫌垄断行为,可以采取下列措施:

(一)进入被调查的经营者的营业场所或者其他有关场所进行检查;

(二)询问被调查的经营者、利害关系人或者其他有关单位或者个人,要求其说明有关情况;

(三)查阅、复制被调查的经营者、利害关系人或者其他有关单位或者个人的有关单证、协议、会计账簿、业务函电、电子数据等文件、资料;

(四)查封、扣押相关证据;

(五)查询经营者的银行账户。

采取前款规定的措施,应当向反垄断执法机构主要负责人书面报告,并经批准。

第四十八条　反垄断执法机构调查涉嫌垄断行为,执法人员不得少于二人,并应当出示执法证件。

执法人员进行询问和调查,应当制作笔录,并由被询问人或者被调查人签字。

第四十九条　反垄断执法机构及其工作人员对执法过程中知悉的商业秘密、个人隐私和个人信息依法负有保密义务。

第五十条　被调查的经营者、利害关系人或者其他有关单位或者个人应当配合反垄断执法机构依法履行职责,不得拒绝、阻碍反垄断执法机构的调查。

第五十一条　被调查的经营者、利害关系人有权陈述意见。反垄断执法机构应当对被调查的经营者、利害关系人提出的事实、理由和证据进行核实。

第五十二条　反垄断执法机构对涉嫌垄断行为调查核实后,认为构成垄断行为的,应当依法作出处理决定,并可以向社会公布。

第五十三条　对反垄断执法机构调查的涉嫌垄断行为,被调查的经营者承诺在反垄断执法机构认可的期限内采取具体措施消除该行为后果的,反垄断执法机构可以决定中止调查。中止调查的决定应当载明被调查的经营者承诺的具体内容。

反垄断执法机构决定中止调查的,应当对经营者履行承诺的情况进行监督。经营者履行承诺的,反垄断执法机构可以决定终止调查。

有下列情形之一的,反垄断执法机构应当恢复调查:

(一)经营者未履行承诺的;

(二)作出中止调查决定所依据的事实发生重大变化的;

(三)中止调查的决定是基于经营者提供的不完整或者不真实的信息作出的。

第五十四条　反垄断执法机构依法对涉嫌滥用行政权力排除、限制竞争的行为进行调查,有关单位或者个人应当配合。

第五十五条　经营者、行政机关和法律、法规授权的具有管理公共事务职能的组织,涉嫌违反本法规定的,反垄断执法机构可以对其法定代表人或者负责人进行约谈,要求其提出改进措施。

第七章　法　律　责　任

第五十六条　经营者违反本法规定,达成并实施垄断协议的,由反垄断执法机构责令停止违法行为,没收违法所得,并处上一年度销售额百分之一以上百分之十以下的罚款,上一年度没有销售额的,处五百万元以下的罚款;尚未实施所达成的垄断协议的,可以处三百万元以下的罚款。经营者的法定代表人、主要负责人和直接责任人员对达成垄断协议负有个人责任的,可以处一百万元以下的罚款。

经营者组织其他经营者达成垄断协议或者为其他经营者达成垄断协议提供实质性帮助的,适用前款规定。

经营者主动向反垄断执法机构报告达成垄断协议的有关情况并提供重要证据的,反垄断执法机构可以酌情减轻或者免除对该经营者的处罚。

行业协会违反本法规定,组织本行业的经营者达成垄断协议的,由反垄断执法机构责令改正,可以处三百万元以下的罚款;情节严重的,社会团体登记管理机关可以依法撤销登记。

第五十七条　经营者违反本法规定,滥用市场支配地位的,由反垄断执法机构责令停止违法行为,没收违法所得,并处上一年度销售额百分之一以上百分之十以下的罚款。

第五十八条　经营者违反本法规定实施集中,且具有或者可能具有排除、限制竞争效果的,由国务院反垄断执法机构责令停止实施集中、限期处分股份或者资产、限期转让营业以及采取其他必要措施恢复到集中前的状态,处上一年度销售额百分之十以下的罚款;不具有排除、限制竞争效果的,处五百万元以下的罚款。

第五十九条　对本法第五十六条、第五十七条、第五十八条规定的罚款,反垄断执法机构确定具体罚款数额时,应当考虑违法行为的性质、程度、持续时间和消除违法行为后果的情况等因素。

第六十条 经营者实施垄断行为,给他人造成损失的,依法承担民事责任。

经营者实施垄断行为,损害社会公共利益的,设区的市级以上人民检察院可以依法向人民法院提起民事公益诉讼。

第六十一条 行政机关和法律、法规授权的具有管理公共事务职能的组织滥用行政权力,实施排除、限制竞争行为的,由上级机关责令改正;对直接负责的主管人员和其他直接责任人员依法给予处分。反垄断执法机构可以向有关上级机关提出依法处理的建议。行政机关和法律、法规授权的具有管理公共事务职能的组织应当将有关改正情况书面报告上级机关和反垄断执法机构。

法律、行政法规对行政机关和法律、法规授权的具有管理公共事务职能的组织滥用行政权力实施排除、限制竞争行为的处理另有规定的,依照其规定。

第六十二条 对反垄断执法机构依法实施的审查和调查,拒绝提供有关材料、信息,或者提供虚假材料、信息,或者隐匿、销毁、转移证据,或者有其他拒绝、阻碍调查行为的,由反垄断执法机构责令改正,对单位处上一年度销售额百分之一以下的罚款,上一年度没有销售额或者销售额难以计算的,处五百万元以下的罚款;对个人处五十万元以下的罚款。

第六十三条 违反本法规定,情节特别严重、影响特别恶劣、造成特别严重后果的,国务院反垄断执法机构可以在本法第五十六条、第五十七条、第五十八条、第六十二条规定的罚款数额的二倍以上五倍以下确定具体罚款数额。

第六十四条 经营者因违反本法规定受到行政处罚的,按照国家有关规定记入信用记录,并向社会公示。

第六十五条 对反垄断执法机构依据本法第三十四条、第三十五条作出的决定不服的,可以先依法申请行政复议;对行政复议决定不服的,可以依法提起行政诉讼。

对反垄断执法机构作出的前款规定以外的决定不服的,可以依法申请行政复议或者提起行政诉讼。

第六十六条 反垄断执法机构工作人员滥用职权、玩忽职守、徇私舞弊或者泄露执法过程中知悉的商业秘密、个人隐私和个人信息的,依法给予处分。

第六十七条 违反本法规定,构成犯罪的,依法追究刑事责任。

第八章　附　　则

第六十八条 经营者依照有关知识产权的法律、行政法规规定行使知识产权的行为,不适用本法;但是,经营者滥用知识产权,排除、限制竞争的行为,适用本法。

第六十九条 农业生产者及农村经济组织在农产品生产、加工、销售、运输、储存等经营活动中实施的联合或者协同行为,不适用本法。

第七十条 本法自 2008 年 8 月 1 日起施行。

中华人民共和国
消费者权益保护法

（1993年10月31日第八届全国人民代表大会常务委员会第四次会议通过　根据2009年8月27日第十一届全国人民代表大会常务委员会第十次会议《关于修改部分法律的决定》第一次修正　根据2013年10月25日第十二届全国人民代表大会常务委员会第五次会议《关于修改〈中华人民共和国消费者权益保护法〉的决定》第二次修正）

第一章　总　　则

第一条　为保护消费者的合法权益，维护社会经济秩序，促进社会主义市场经济健康发展，制定本法。

第二条　消费者为生活消费需要购买、使用商品或者接受服务，其权益受本法保护；本法未作规定的，受其他有关法律、法规保护。

第三条　经营者为消费者提供其生产、销售的商品或者提供服务，应当遵守本法；本法未作规定的，应当遵守其他有关法律、法规。

第四条　经营者与消费者进行交易，应当遵循自愿、平等、公平、诚实信用的原则。

第五条　国家保护消费者的合法权益不受侵害。

国家采取措施,保障消费者依法行使权利,维护消费者的合法权益。

国家倡导文明、健康、节约资源和保护环境的消费方式,反对浪费。

第六条 保护消费者的合法权益是全社会的共同责任。

国家鼓励、支持一切组织和个人对损害消费者合法权益的行为进行社会监督。

大众传播媒介应当做好维护消费者合法权益的宣传,对损害消费者合法权益的行为进行舆论监督。

第二章 消费者的权利

第七条 消费者在购买、使用商品和接受服务时享有人身、财产安全不受损害的权利。

消费者有权要求经营者提供的商品和服务,符合保障人身、财产安全的要求。

第八条 消费者享有知悉其购买、使用的商品或者接受的服务的真实情况的权利。

消费者有权根据商品或者服务的不同情况,要求经营者提供商品的价格、产地、生产者、用途、性能、规格、等级、主要成份、生产日期、有效期限、检验合格证明、使用方法说明书、售后服务,或者服务的内容、规格、费用等有关情况。

第九条 消费者享有自主选择商品或者服务的权利。

消费者有权自主选择提供商品或者服务的经营者,自主选择商品品种或者服务方式,自主决定购买或者不购买任何一种商品、接受或者不接受任何一项服务。

消费者在自主选择商品或者服务时,有权进行比较、鉴别和挑选。

第十条 消费者享有公平交易的权利。

消费者在购买商品或者接受服务时,有权获得质量保障、价格合理、计量正确等公平交易条件,有权拒绝经营者的强制交易行为。

第十一条 消费者因购买、使用商品或者接受服务受到人身、财产损害的,享有依法获得赔偿的权利。

第十二条 消费者享有依法成立维护自身合法权益的社会组织的权利。

第十三条 消费者享有获得有关消费和消费者权益保护方面的知识的权利。

消费者应当努力掌握所需商品或者服务的知识和使用技能,正确使用商品,提高自我保护意识。

第十四条 消费者在购买、使用商品和接受服务时,享有人格尊严、民族风俗习惯得到尊重的权利,享有个人信息依法得到保护的权利。

第十五条 消费者享有对商品和服务以及保护消费者权益工作进行监督的权利。

消费者有权检举、控告侵害消费者权益的行为和国家机关及其工作人员在保护消费者权益工作中的违法失职行为,有权对保护消费者权益工作提出批评、建议。

第三章 经营者的义务

第十六条 经营者向消费者提供商品或者服务,应当依照本法和其他有关法律、法规的规定履行义务。

经营者和消费者有约定的,应当按照约定履行义务,但双方的约定不得违背法律、法规的规定。

经营者向消费者提供商品或者服务,应当恪守社会公德,诚信经营,保障消费者的合法权益;不得设定不公平、不合理的交易条件,不得强制交易。

第十七条 经营者应当听取消费者对其提供的商品或者服务的意见,接受消费者的监督。

第十八条 经营者应当保证其提供的商品或者服务符合保障人身、财产安全的要求。对可能危及人身、财产安全的商品和服务,应当向消费者作出真实的说明和明确的警示,并说明和标明正确使用商品或者接受服务的方法以及防止危害发生的方法。

宾馆、商场、餐馆、银行、机场、车站、港口、影剧院等经营场所的经营者,应当对消费者尽到安全保障义务。

第十九条 经营者发现其提供的商品或者服务存在缺陷,有危及人身、财产安全危险的,应当立即向有关行政部门报告和告知消费者,并采取停止销售、警示、召回、无害化处理、销毁、停止生产或者服务等措施。采取召回措施的,经营者应当承担消费者因商品被召回支出的必要费用。

第二十条 经营者向消费者提供有关商品或者服务的质量、性能、用途、有效期限等信息,应当真实、全面,不得作虚假或者引人误解的宣传。

经营者对消费者就其提供的商品或者服务的质量和使用方法等问题提出的询问,应当作出真实、明确的答复。

经营者提供商品或者服务应当明码标价。

第二十一条 经营者应当标明其真实名称和标记。

租赁他人柜台或者场地的经营者,应当标明其真实名称和标记。

第二十二条 经营者提供商品或者服务,应当按照国家有关规定或者商业惯例向消费者出具发票等购货凭证或者服务单据;消费者索要发票等购货凭证或者服务单据的,经营者必须出具。

第二十三条 经营者应当保证在正常使用商品或者接受服务的情况下其提供的商品或者服务应当具有的质量、性能、用途和有效期限；但消费者在购买该商品或者接受该服务前已经知道其存在瑕疵，且存在该瑕疵不违反法律强制性规定的除外。

经营者以广告、产品说明、实物样品或者其他方式表明商品或者服务的质量状况的，应当保证其提供的商品或者服务的实际质量与表明的质量状况相符。

经营者提供的机动车、计算机、电视机、电冰箱、空调器、洗衣机等耐用商品或者装饰装修等服务，消费者自接受商品或者服务之日起六个月内发现瑕疵，发生争议的，由经营者承担有关瑕疵的举证责任。

第二十四条 经营者提供的商品或者服务不符合质量要求的，消费者可以依照国家规定、当事人约定退货，或者要求经营者履行更换、修理等义务。没有国家规定和当事人约定的，消费者可以自收到商品之日起七日内退货；七日后符合法定解除合同条件的，消费者可以及时退货，不符合法定解除合同条件的，可以要求经营者履行更换、修理等义务。

依照前款规定进行退货、更换、修理的，经营者应当承担运输等必要费用。

第二十五条 经营者采用网络、电视、电话、邮购等方式销售商品，消费者有权自收到商品之日起七日内退货，且无需说明理由，但下列商品除外：

（一）消费者定作的；

（二）鲜活易腐的；

（三）在线下载或者消费者拆封的音像制品、计算机软件等数字化商品；

（四）交付的报纸、期刊。

除前款所列商品外，其他根据商品性质并经消费者在购买时确认不宜退货的商品，不适用无理由退货。

消费者退货的商品应当完好。经营者应当自收到退回商品之日起七日内返还消费者支付的商品价款。退回商品的运费由消费者承担；经营者和消费者另有约定的，按照约定。

第二十六条 经营者在经营活动中使用格式条款的，应当以显著方式提请消费者注意商品或者服务的数量和质量、价款或者费用、履行期限和方式、安全注意事项和风险警示、售后服务、民事责任等与消费者有重大利害关系的内容，并按照消费者的要求予以说明。

经营者不得以格式条款、通知、声明、店堂告示等方式，作出排除或者限制消费者权利、减轻或者免除经营者责任、加重消费者责任等对消费者不公平、不合理的规定，不得利用格式条款并借助技术手段强制交易。

格式条款、通知、声明、店堂告示等含有前款所列内容的，其内容无效。

第二十七条 经营者不得对消费者进行侮辱、诽谤，不得搜查消费者的身体及其携带的物品，不得侵犯消费者的人身自由。

第二十八条 采用网络、电视、电话、邮购等方式提供商品或者服务的经营者，以及提供证券、保险、银行等金融服务的经营者，应当向消费者提供经营地址、联系方式、商品或者服务的数量和质量、价款或者费用、履行期限和方式、安全注意事项和风险警示、售后服务、民事责任等信息。

第二十九条 经营者收集、使用消费者个人信息，应当遵循合法、正当、必要的原则，明示收集、使用信息的目的、方式和范围，并经消费者同意。经营者收集、使用消费者个人信息，应当公开其收集、使用规则，不得违反法律、法规的规定和双方的约定收集、使用信息。

经营者及其工作人员对收集的消费者个人信息必须严格保密，

不得泄露、出售或者非法向他人提供。经营者应当采取技术措施和其他必要措施,确保信息安全,防止消费者个人信息泄露、丢失。在发生或者可能发生信息泄露、丢失的情况时,应当立即采取补救措施。

经营者未经消费者同意或者请求,或者消费者明确表示拒绝的,不得向其发送商业性信息。

第四章 国家对消费者合法权益的保护

第三十条 国家制定有关消费者权益的法律、法规、规章和强制性标准,应当听取消费者和消费者协会等组织的意见。

第三十一条 各级人民政府应当加强领导,组织、协调、督促有关行政部门做好保护消费者合法权益的工作,落实保护消费者合法权益的职责。

各级人民政府应当加强监督,预防危害消费者人身、财产安全行为的发生,及时制止危害消费者人身、财产安全的行为。

第三十二条 各级人民政府工商行政管理部门和其他有关行政部门应当依照法律、法规的规定,在各自的职责范围内,采取措施,保护消费者的合法权益。

有关行政部门应当听取消费者和消费者协会等组织对经营者交易行为、商品和服务质量问题的意见,及时调查处理。

第三十三条 有关行政部门在各自的职责范围内,应当定期或者不定期对经营者提供的商品和服务进行抽查检验,并及时向社会公布抽查检验结果。

有关行政部门发现并认定经营者提供的商品或者服务存在缺陷,有危及人身、财产安全危险的,应当立即责令经营者采取停止销售、警示、召回、无害化处理、销毁、停止生产或者服务等措施。

第三十四条　有关国家机关应当依照法律、法规的规定,惩处经营者在提供商品和服务中侵害消费者合法权益的违法犯罪行为。

第三十五条　人民法院应当采取措施,方便消费者提起诉讼。对符合《中华人民共和国民事诉讼法》起诉条件的消费者权益争议,必须受理,及时审理。

第五章　消费者组织

第三十六条　消费者协会和其他消费者组织是依法成立的对商品和服务进行社会监督的保护消费者合法权益的社会组织。

第三十七条　消费者协会履行下列公益性职责:

(一)向消费者提供消费信息和咨询服务,提高消费者维护自身合法权益的能力,引导文明、健康、节约资源和保护环境的消费方式;

(二)参与制定有关消费者权益的法律、法规、规章和强制性标准;

(三)参与有关行政部门对商品和服务的监督、检查;

(四)就有关消费者合法权益的问题,向有关部门反映、查询,提出建议;

(五)受理消费者的投诉,并对投诉事项进行调查、调解;

(六)投诉事项涉及商品和服务质量问题的,可以委托具备资格的鉴定人鉴定,鉴定人应当告知鉴定意见;

(七)就损害消费者合法权益的行为,支持受损害的消费者提起诉讼或者依照本法提起诉讼;

(八)对损害消费者合法权益的行为,通过大众传播媒介予以揭露、批评。

各级人民政府对消费者协会履行职责应当予以必要的经费等支持。

消费者协会应当认真履行保护消费者合法权益的职责,听取消费者的意见和建议,接受社会监督。

依法成立的其他消费者组织依照法律、法规及其章程的规定,开展保护消费者合法权益的活动。

第三十八条 消费者组织不得从事商品经营和营利性服务,不得以收取费用或者其他牟取利益的方式向消费者推荐商品和服务。

第六章 争议的解决

第三十九条 消费者和经营者发生消费者权益争议的,可以通过下列途径解决:

(一)与经营者协商和解;

(二)请求消费者协会或者依法成立的其他调解组织调解;

(三)向有关行政部门投诉;

(四)根据与经营者达成的仲裁协议提请仲裁机构仲裁;

(五)向人民法院提起诉讼。

第四十条 消费者在购买、使用商品时,其合法权益受到损害的,可以向销售者要求赔偿。销售者赔偿后,属于生产者的责任或者属于向销售者提供商品的其他销售者的责任,销售者有权向生产者或者其他销售者追偿。

消费者或者其他受害人因商品缺陷造成人身、财产损害的,可以向销售者要求赔偿,也可以向生产者要求赔偿。属于生产者责任的,销售者赔偿后,有权向生产者追偿。属于销售者责任的,生产者赔偿后,有权向销售者追偿。

消费者在接受服务时,其合法权益受到损害的,可以向服务者要求赔偿。

第四十一条 消费者在购买、使用商品或者接受服务时,其合法权益受到损害,因原企业分立、合并的,可以向变更后承受其权利义务的企业要求赔偿。

第四十二条 使用他人营业执照的违法经营者提供商品或者服务,损害消费者合法权益的,消费者可以向其要求赔偿,也可以向营业执照的持有人要求赔偿。

第四十三条 消费者在展销会、租赁柜台购买商品或者接受服务,其合法权益受到损害的,可以向销售者或者服务者要求赔偿。展销会结束或者柜台租赁期满后,也可以向展销会的举办者、柜台的出租者要求赔偿。展销会的举办者、柜台的出租者赔偿后,有权向销售者或者服务者追偿。

第四十四条 消费者通过网络交易平台购买商品或者接受服务,其合法权益受到损害的,可以向销售者或者服务者要求赔偿。网络交易平台提供者不能提供销售者或者服务者的真实名称、地址和有效联系方式的,消费者也可以向网络交易平台提供者要求赔偿;网络交易平台提供者作出更有利于消费者的承诺的,应当履行承诺。网络交易平台提供者赔偿后,有权向销售者或者服务者追偿。

网络交易平台提供者明知或者应知销售者或者服务者利用其平台侵害消费者合法权益,未采取必要措施的,依法与该销售者或者服务者承担连带责任。

第四十五条 消费者因经营者利用虚假广告或者其他虚假宣传方式提供商品或者服务,其合法权益受到损害的,可以向经营者要求赔偿。广告经营者、发布者发布虚假广告的,消费者可以请求行政主管部门予以惩处。广告经营者、发布者不能提供经营者的真实名称、地址和有效联系方式的,应当承担赔偿责任。

广告经营者、发布者设计、制作、发布关系消费者生命健康商品或者服务的虚假广告,造成消费者损害的,应当与提供该商品或者服务的经营者承担连带责任。

社会团体或者其他组织、个人在关系消费者生命健康商品或者服务的虚假广告或者其他虚假宣传中向消费者推荐商品或者服务,造成消费者损害的,应当与提供该商品或者服务的经营者承担连带责任。

第四十六条 消费者向有关行政部门投诉的,该部门应当自收到投诉之日起七个工作日内,予以处理并告知消费者。

第四十七条 对侵害众多消费者合法权益的行为,中国消费者协会以及在省、自治区、直辖市设立的消费者协会,可以向人民法院提起诉讼。

第七章 法 律 责 任

第四十八条 经营者提供商品或者服务有下列情形之一的,除本法另有规定外,应当依照其他有关法律、法规的规定,承担民事责任:

(一)商品或者服务存在缺陷的;

(二)不具备商品应当具备的使用性能而出售时未作说明的;

(三)不符合在商品或者其包装上注明采用的商品标准的;

(四)不符合商品说明、实物样品等方式表明的质量状况的;

(五)生产国家明令淘汰的商品或者销售失效、变质的商品的;

(六)销售的商品数量不足的;

(七)服务的内容和费用违反约定的;

(八)对消费者提出的修理、重作、更换、退货、补足商品数量、退还货款和服务费用或者赔偿损失的要求,故意拖延或者无理拒绝的;

(九)法律、法规规定的其他损害消费者权益的情形。

经营者对消费者未尽到安全保障义务,造成消费者损害的,应当承担侵权责任。

第四十九条 经营者提供商品或者服务,造成消费者或者其他受害人人身伤害的,应当赔偿医疗费、护理费、交通费等为治疗和康复支出的合理费用,以及因误工减少的收入。造成残疾的,还应当赔偿残疾生活辅助具费和残疾赔偿金。造成死亡的,还应当赔偿丧葬费和死亡赔偿金。

第五十条 经营者侵害消费者的人格尊严、侵犯消费者人身自由或者侵害消费者个人信息依法得到保护的权利的,应当停止侵害、恢复名誉、消除影响、赔礼道歉,并赔偿损失。

第五十一条 经营者有侮辱诽谤、搜查身体、侵犯人身自由等侵害消费者或者其他受害人人身权益的行为,造成严重精神损害的,受害人可以要求精神损害赔偿。

第五十二条 经营者提供商品或者服务,造成消费者财产损害的,应当依照法律规定或者当事人约定承担修理、重作、更换、退货、补足商品数量、退还货款和服务费用或者赔偿损失等民事责任。

第五十三条 经营者以预收款方式提供商品或者服务的,应当按照约定提供。未按照约定提供的,应当按照消费者的要求履行约定或者退回预付款;并应当承担预付款的利息、消费者必须支付的合理费用。

第五十四条 依法经有关行政部门认定为不合格的商品,消费者要求退货的,经营者应当负责退货。

第五十五条 经营者提供商品或者服务有欺诈行为的,应当按照消费者的要求增加赔偿其受到的损失,增加赔偿的金额为消费者购买商品的价款或者接受服务的费用的三倍;增加赔偿的金额不足五百元的,为五百元。法律另有规定的,依照其规定。

经营者明知商品或者服务存在缺陷,仍然向消费者提供,造成消费者或者其他受害人死亡或者健康严重损害的,受害人有权要求经营者依照本法第四十九条、第五十一条等法律规定赔偿损失,并有权要求所受损失二倍以下的惩罚性赔偿。

第五十六条 经营者有下列情形之一,除承担相应的民事责任外,其他有关法律、法规对处罚机关和处罚方式有规定的,依照法律、法规的规定执行;法律、法规未作规定的,由工商行政管理部门或者其他有关行政部门责令改正,可以根据情节单处或者并处警告、没收违法所得、处以违法所得一倍以上十倍以下的罚款,没有违法所得的,处以五十万元以下的罚款;情节严重的,责令停业整顿、吊销营业执照:

(一)提供的商品或者服务不符合保障人身、财产安全要求的;

(二)在商品中掺杂、掺假,以假充真,以次充好,或者以不合格商品冒充合格商品的;

(三)生产国家明令淘汰的商品或者销售失效、变质的商品的;

(四)伪造商品的产地,伪造或者冒用他人的厂名、厂址,篡改生产日期,伪造或者冒用认证标志等质量标志的;

(五)销售的商品应当检验、检疫而未检验、检疫或者伪造检验、检疫结果的;

(六)对商品或者服务作虚假或者引人误解的宣传的;

(七)拒绝或者拖延有关行政部门责令对缺陷商品或者服务采取停止销售、警示、召回、无害化处理、销毁、停止生产或者服务等措施的;

(八)对消费者提出的修理、重作、更换、退货、补足商品数量、退还货款和服务费用或者赔偿损失的要求,故意拖延或者无理拒绝的;

(九)侵害消费者人格尊严、侵犯消费者人身自由或者侵害消费者个人信息依法得到保护的权利的;

(十)法律、法规规定的对损害消费者权益应当予以处罚的其他情形。

经营者有前款规定情形的,除依照法律、法规规定予以处罚外,处罚机关应当记入信用档案,向社会公布。

第五十七条 经营者违反本法规定提供商品或者服务,侵害消费者合法权益,构成犯罪的,依法追究刑事责任。

第五十八条 经营者违反本法规定,应当承担民事赔偿责任和缴纳罚款、罚金,其财产不足以同时支付的,先承担民事赔偿责任。

第五十九条 经营者对行政处罚决定不服的,可以依法申请行政复议或者提起行政诉讼。

第六十条 以暴力、威胁等方法阻碍有关行政部门工作人员依法执行职务的,依法追究刑事责任;拒绝、阻碍有关行政部门工作人员依法执行职务,未使用暴力、威胁方法的,由公安机关依照《中华人民共和国治安管理处罚法》的规定处罚。

第六十一条 国家机关工作人员玩忽职守或者包庇经营者侵害消费者合法权益的行为的,由其所在单位或者上级机关给予行政处分;情节严重,构成犯罪的,依法追究刑事责任。

第八章 附　　则

第六十二条 农民购买、使用直接用于农业生产的生产资料,参照本法执行。

第六十三条 本法自1994年1月1日起施行。

中华人民共和国
商标法（节录）

（1982年8月23日第五届全国人民代表大会常务委员会第二十四次会议通过　根据1993年2月22日第七届全国人民代表大会常务委员会第三十次会议《关于修改〈中华人民共和国商标法〉的决定》第一次修正　根据2001年10月27日第九届全国人民代表大会常务委员会第二十四次会议《关于修改〈中华人民共和国商标法〉的决定》第二次修正　根据2013年8月30日第十二届全国人民代表大会常务委员会第四次会议《关于修改〈中华人民共和国商标法〉的决定》第三次修正　根据2019年4月23日第十三届全国人民代表大会常务委员会第十次会议《关于修改〈中华人民共和国建筑法〉等八部法律的决定》第四次修正）

第十三条　为相关公众所熟知的商标，持有人认为其权利受到侵害时，可以依照本法规定请求驰名商标保护。

就相同或者类似商品申请注册的商标是复制、摹仿或者翻译他人未在中国注册的驰名商标，容易导致混淆的，不予注册并禁止使用。

就不相同或者不相类似商品申请注册的商标是复制、摹仿或者翻译他人已经在中国注册的驰名商标,误导公众,致使该驰名商标注册人的利益可能受到损害的,不予注册并禁止使用。

第五十七条 有下列行为之一的,均属侵犯注册商标专用权:

(一)未经商标注册人的许可,在同一种商品上使用与其注册商标相同的商标的;

(二)未经商标注册人的许可,在同一种商品上使用与其注册商标近似的商标,或者在类似商品上使用与其注册商标相同或者近似的商标,容易导致混淆的;

(三)销售侵犯注册商标专用权的商品的;

(四)伪造、擅自制造他人注册商标标识或者销售伪造、擅自制造的注册商标标识的;

(五)未经商标注册人同意,更换其注册商标并将该更换商标的商品又投入市场的;

(六)故意为侵犯他人商标专用权行为提供便利条件,帮助他人实施侵犯商标专用权行为的;

(七)给他人的注册商标专用权造成其他损害的。

第五十八条 将他人注册商标、未注册的驰名商标作为企业名称中的字号使用,误导公众,构成不正当竞争行为的,依照《中华人民共和国反不正当竞争法》处理。

中华人民共和国广告法(节录)

(1994年10月27日第八届全国人民代表大会常务委员会第十次会议通过 2015年4月24日第十二届全国人民代表大会常务委员会第十四次会议修订 根据2018年10月26日第十三届全国人民代表大会常务委员会第六次会议《关于修改〈中华人民共和国野生动物保护法〉等十五部法律的决定》第一次修正 根据2021年4月29日第十三届全国人民代表大会常务委员会第二十八次会议《关于修改〈中华人民共和国道路交通安全法〉等八部法律的决定》第二次修正)

第十三条 广告不得贬低其他生产经营者的商品或者服务。

第二十八条 广告以虚假或者引人误解的内容欺骗、误导消费者的,构成虚假广告。

广告有下列情形之一的,为虚假广告:

(一)商品或者服务不存在的;

(二)商品的性能、功能、产地、用途、质量、规格、成分、价格、生产者、有效期限、销售状况、曾获荣誉等信息,或者服务的内容、提供者、形式、质量、价格、销售状况、曾获荣誉等信息,以及与商品或者服务有关的允诺等信息与实际情况不符,对购买行为有实质性影响的;

（三）使用虚构、伪造或者无法验证的科研成果、统计资料、调查结果、文摘、引用语等信息作证明材料的；

（四）虚构使用商品或者接受服务的效果的；

（五）以虚假或者引人误解的内容欺骗、误导消费者的其他情形。

第三十八条 广告代言人在广告中对商品、服务作推荐、证明，应当依据事实，符合本法和有关法律、行政法规规定，并不得为其未使用过的商品或者未接受过的服务作推荐、证明。

不得利用不满十周岁的未成年人作为广告代言人。

对在虚假广告中作推荐、证明受到行政处罚未满三年的自然人、法人或者其他组织，不得利用其作为广告代言人。

第五十四条 消费者协会和其他消费者组织对违反本法规定，发布虚假广告侵害消费者合法权益，以及其他损害社会公共利益的行为，依法进行社会监督。

第五十五条 违反本法规定，发布虚假广告的，由市场监督管理部门责令停止发布广告，责令广告主在相应范围内消除影响，处广告费用三倍以上五倍以下的罚款，广告费用无法计算或者明显偏低的，处二十万元以上一百万元以下的罚款；两年内有三次以上违法行为或者有其他严重情节的，处广告费用五倍以上十倍以下的罚款，广告费用无法计算或者明显偏低的，处一百万元以上二百万元以下的罚款，可以吊销营业执照，并由广告审查机关撤销广告审查批准文件、一年内不受理其广告审查申请。

医疗机构有前款规定违法行为，情节严重的，除由市场监督管理部门依照本法处罚外，卫生行政部门可以吊销诊疗科目或者吊销医疗机构执业许可证。

广告经营者、广告发布者明知或者应知广告虚假仍设计、制作、代理、发布的，由市场监督管理部门没收广告费用，并处广告费用三倍以上五倍以下的罚款，广告费用无法计算或者明显偏低的，处二十万元以上一百万元以下的罚款;两年内有三次以上违法行为或者有其他严重情节的,处广告费用五倍以上十倍以下的罚款,广告费用无法计算或者明显偏低的,处一百万元以上二百万元以下的罚款,并可以由有关部门暂停广告发布业务、吊销营业执照。

广告主、广告经营者、广告发布者有本条第一款、第三款规定行为,构成犯罪的,依法追究刑事责任。

第五十六条 违反本法规定,发布虚假广告,欺骗、误导消费者,使购买商品或者接受服务的消费者的合法权益受到损害的,由广告主依法承担民事责任。广告经营者、广告发布者不能提供广告主的真实名称、地址和有效联系方式的,消费者可以要求广告经营者、广告发布者先行赔偿。

关系消费者生命健康的商品或者服务的虚假广告,造成消费者损害的,其广告经营者、广告发布者、广告代言人应当与广告主承担连带责任。

前款规定以外的商品或者服务的虚假广告,造成消费者损害的,其广告经营者、广告发布者、广告代言人,明知或者应知广告虚假仍设计、制作、代理、发布或者作推荐、证明的,应当与广告主承担连带责任。

第六十一条 广告代言人有下列情形之一的,由市场监督管理部门没收违法所得,并处违法所得一倍以上二倍以下的罚款:

(一)违反本法第十六条第一款第四项规定,在医疗、药品、医疗器械广告中作推荐、证明的;

(二)违反本法第十八条第一款第五项规定,在保健食品广告中作推荐、证明的;

(三)违反本法第三十八条第一款规定,为其未使用过的商品或者未接受过的服务作推荐、证明的;

(四)明知或者应知广告虚假仍在广告中对商品、服务作推荐、证明的。

第六十九条 因发布虚假广告,或者有其他本法规定的违法行为,被吊销营业执照的公司、企业的法定代表人,对违法行为负有个人责任的,自该公司、企业被吊销营业执照之日起三年内不得担任公司、企业的董事、监事、高级管理人员。

中华人民共和国电子商务法(节录)

(2018年8月31日第十三届全国人民代表大会常务委员会第五次会议通过 2018年8月31日中华人民共和国主席令第七号公布 自2019年1月1日起施行)

第二章 电子商务经营者

第一节 一 般 规 定

第九条 本法所称电子商务经营者,是指通过互联网等信息网络从事销售商品或者提供服务的经营活动的自然人、法人和非法人组织,包括电子商务平台经营者、平台内经营者以及通过自建网站、其他网络服务销售商品或者提供服务的电子商务经营者。

本法所称电子商务平台经营者,是指在电子商务中为交易双方或者多方提供网络经营场所、交易撮合、信息发布等服务,供交易双方或者多方独立开展交易活动的法人或者非法人组织。

本法所称平台内经营者,是指通过电子商务平台销售商品或者提供服务的电子商务经营者。

第十条 电子商务经营者应当依法办理市场主体登记。但是,个人销售自产农副产品、家庭手工业产品,个人利用自己的技能从事依法无须取得许可的便民劳务活动和零星小额交易活动,以及依照法律、行政法规不需要进行登记的除外。

第十一条 电子商务经营者应当依法履行纳税义务,并依法享受税收优惠。

依照前条规定不需要办理市场主体登记的电子商务经营者在首次纳税义务发生后,应当依照税收征收管理法律、行政法规的规定申请办理税务登记,并如实申报纳税。

第十二条 电子商务经营者从事经营活动,依法需要取得相关行政许可的,应当依法取得行政许可。

第十三条 电子商务经营者销售的商品或者提供的服务应当符合保障人身、财产安全的要求和环境保护要求,不得销售或者提供法律、行政法规禁止交易的商品或者服务。

第十四条 电子商务经营者销售商品或者提供服务应当依法出具纸质发票或者电子发票等购货凭证或者服务单据。电子发票与纸质发票具有同等法律效力。

第十五条 电子商务经营者应当在其首页显著位置,持续公示营业执照信息、与其经营业务有关的行政许可信息、属于依照本法第十条规定的不需要办理市场主体登记情形等信息,或者上述信息的链接标识。

前款规定的信息发生变更的,电子商务经营者应当及时更新公示信息。

第十六条 电子商务经营者自行终止从事电子商务的,应当提前三十日在首页显著位置持续公示有关信息。

第十七条 电子商务经营者应当全面、真实、准确、及时地披露商品或者服务信息,保障消费者的知情权和选择权。电子商务经营者不得以虚构交易、编造用户评价等方式进行虚假或者引人误解的商业宣传,欺骗、误导消费者。

第十八条 电子商务经营者根据消费者的兴趣爱好、消费习惯等特征向其提供商品或者服务的搜索结果的,应当同时向该消费者提供不针对其个人特征的选项,尊重和平等保护消费者合法权益。

电子商务经营者向消费者发送广告的,应当遵守《中华人民共和国广告法》的有关规定。

第十九条 电子商务经营者搭售商品或者服务,应当以显著方式提请消费者注意,不得将搭售商品或者服务作为默认同意的选项。

第二十条 电子商务经营者应当按照承诺或者与消费者约定的方式、时限向消费者交付商品或者服务,并承担商品运输中的风险和责任。但是,消费者另行选择快递物流服务提供者的除外。

第二十一条 电子商务经营者按照约定向消费者收取押金的,应当明示押金退还的方式、程序,不得对押金退还设置不合理条件。消费者申请退还押金,符合押金退还条件的,电子商务经营者应当及时退还。

第二十二条 电子商务经营者因其技术优势、用户数量、对相关行业的控制能力以及其他经营者对该电子商务经营者在交易上的依赖程度等因素而具有市场支配地位的,不得滥用市场支配地位,排除、限制竞争。

第二十三条 电子商务经营者收集、使用其用户的个人信息,应当遵守法律、行政法规有关个人信息保护的规定。

第二十四条 电子商务经营者应当明示用户信息查询、更正、删除以及用户注销的方式、程序,不得对用户信息查询、更正、删除以及用户注销设置不合理条件。

电子商务经营者收到用户信息查询或者更正、删除的申请的,应当在核实身份后及时提供查询或者更正、删除用户信息。用户注销的,电子商务经营者应当立即删除该用户的信息;依照法律、行政法规的规定或者双方约定保存的,依照其规定。

第二十五条　有关主管部门依照法律、行政法规的规定要求电子商务经营者提供有关电子商务数据信息的,电子商务经营者应当提供。有关主管部门应当采取必要措施保护电子商务经营者提供的数据信息的安全,并对其中的个人信息、隐私和商业秘密严格保密,不得泄露、出售或者非法向他人提供。

第二十六条　电子商务经营者从事跨境电子商务,应当遵守进出口监督管理的法律、行政法规和国家有关规定。

第二节　电子商务平台经营者

第二十七条　电子商务平台经营者应当要求申请进入平台销售商品或者提供服务的经营者提交其身份、地址、联系方式、行政许可等真实信息,进行核验、登记,建立登记档案,并定期核验更新。

电子商务平台经营者为进入平台销售商品或者提供服务的非经营用户提供服务,应当遵守本节有关规定。

第二十八条　电子商务平台经营者应当按照规定向市场监督管理部门报送平台内经营者的身份信息,提示未办理市场主体登记的经营者依法办理登记,并配合市场监督管理部门,针对电子商务的特点,为应当办理市场主体登记的经营者办理登记提供便利。

电子商务平台经营者应当依照税收征收管理法律、行政法规的规定,向税务部门报送平台内经营者的身份信息和与纳税有关的信息,并应当提示依照本法第十条规定不需要办理市场主体登记的电子商务经营者依照本法第十一条第二款的规定办理税务登记。

第二十九条 电子商务平台经营者发现平台内的商品或者服务信息存在违反本法第十二条、第十三条规定情形的，应当依法采取必要的处置措施，并向有关主管部门报告。

第三十条 电子商务平台经营者应当采取技术措施和其他必要措施保证其网络安全、稳定运行，防范网络违法犯罪活动，有效应对网络安全事件，保障电子商务交易安全。

电子商务平台经营者应当制定网络安全事件应急预案，发生网络安全事件时，应当立即启动应急预案，采取相应的补救措施，并向有关主管部门报告。

第三十一条 电子商务平台经营者应当记录、保存平台上发布的商品和服务信息、交易信息，并确保信息的完整性、保密性、可用性。商品和服务信息、交易信息保存时间自交易完成之日起不少于三年；法律、行政法规另有规定的，依照其规定。

第三十二条 电子商务平台经营者应当遵循公开、公平、公正的原则，制定平台服务协议和交易规则，明确进入和退出平台、商品和服务质量保障、消费者权益保护、个人信息保护等方面的权利和义务。

第三十三条 电子商务平台经营者应当在其首页显著位置持续公示平台服务协议和交易规则信息或者上述信息的链接标识，并保证经营者和消费者能够便利、完整地阅览和下载。

第三十四条 电子商务平台经营者修改平台服务协议和交易规则，应当在其首页显著位置公开征求意见，采取合理措施确保有关各方能够及时充分表达意见。修改内容应当至少在实施前七日予以公示。

平台内经营者不接受修改内容，要求退出平台的，电子商务平台经营者不得阻止，并按照修改前的服务协议和交易规则承担相关责任。

第三十五条　电子商务平台经营者不得利用服务协议、交易规则以及技术等手段,对平台内经营者在平台内的交易、交易价格以及与其他经营者的交易等进行不合理限制或者附加不合理条件,或者向平台内经营者收取不合理费用。

第三十六条　电子商务平台经营者依据平台服务协议和交易规则对平台内经营者违反法律、法规的行为实施警示、暂停或者终止服务等措施的,应当及时公示。

第三十七条　电子商务平台经营者在其平台上开展自营业务的,应当以显著方式区分标记自营业务和平台内经营者开展的业务,不得误导消费者。

电子商务平台经营者对其标记为自营的业务依法承担商品销售者或者服务提供者的民事责任。

第三十八条　电子商务平台经营者知道或者应当知道平台内经营者销售的商品或者提供的服务不符合保障人身、财产安全的要求,或者有其他侵害消费者合法权益行为,未采取必要措施的,依法与该平台内经营者承担连带责任。

对关系消费者生命健康的商品或者服务,电子商务平台经营者对平台内经营者的资质资格未尽到审核义务,或者对消费者未尽到安全保障义务,造成消费者损害的,依法承担相应的责任。

第三十九条　电子商务平台经营者应当建立健全信用评价制度,公示信用评价规则,为消费者提供对平台内销售的商品或者提供的服务进行评价的途径。

电子商务平台经营者不得删除消费者对其平台内销售的商品或者提供的服务的评价。

第四十条　电子商务平台经营者应当根据商品或者服务的价格、销量、信用等以多种方式向消费者显示商品或者服务的搜索结果；对于竞价排名的商品或者服务，应当显著标明"广告"。

第四十一条 电子商务平台经营者应当建立知识产权保护规则，与知识产权权利人加强合作，依法保护知识产权。

第四十二条 知识产权权利人认为其知识产权受到侵害的，有权通知电子商务平台经营者采取删除、屏蔽、断开链接、终止交易和服务等必要措施。通知应当包括构成侵权的初步证据。

电子商务平台经营者接到通知后，应当及时采取必要措施，并将该通知转送平台内经营者；未及时采取必要措施的，对损害的扩大部分与平台内经营者承担连带责任。

因通知错误造成平台内经营者损害的，依法承担民事责任。恶意发出错误通知，造成平台内经营者损失的，加倍承担赔偿责任。

第四十三条 平台内经营者接到转送的通知后，可以向电子商务平台经营者提交不存在侵权行为的声明。声明应当包括不存在侵权行为的初步证据。

电子商务平台经营者接到声明后，应当将该声明转送发出通知的知识产权权利人，并告知其可以向有关主管部门投诉或者向人民法院起诉。电子商务平台经营者在转送声明到达知识产权权利人后十五日内，未收到权利人已经投诉或者起诉通知的，应当及时终止所采取的措施。

第四十四条 电子商务平台经营者应当及时公示收到的本法第四十二条、第四十三条规定的通知、声明及处理结果。

第四十五条 电子商务平台经营者知道或者应当知道平台内经营者侵犯知识产权的，应当采取删除、屏蔽、断开链接、终止交易和服务等必要措施；未采取必要措施的，与侵权人承担连带责任。

第四十六条 除本法第九条第二款规定的服务外，电子商务平台经营者可以按照平台服务协议和交易规则，为经营者之间的电子商务提供仓储、物流、支付结算、交收等服务。电子商务平台经营者为经营者之间的电子商务提供服务,应当遵守法律、行政法规和国家有关规定,不得采取集中竞价、做市商等集中交易方式进行交易,不得进行标准化合约交易。

第四章　电子商务争议解决

第五十八条　国家鼓励电子商务平台经营者建立有利于电子商务发展和消费者权益保护的商品、服务质量担保机制。

电子商务平台经营者与平台内经营者协议设立消费者权益保证金的,双方应当就消费者权益保证金的提取数额、管理、使用和退还办法等作出明确约定。

消费者要求电子商务平台经营者承担先行赔偿责任以及电子商务平台经营者赔偿后向平台内经营者的追偿,适用《中华人民共和国消费者权益保护法》的有关规定。

第五十九条　电子商务经营者应当建立便捷、有效的投诉、举报机制,公开投诉、举报方式等信息,及时受理并处理投诉、举报。

第六十条　电子商务争议可以通过协商和解,请求消费者组织、行业协会或者其他依法成立的调解组织调解,向有关部门投诉,提请仲裁,或者提起诉讼等方式解决。

第六十一条　消费者在电子商务平台购买商品或者接受服务,与平台内经营者发生争议时,电子商务平台经营者应当积极协助消费者维护合法权益。

第六十二条　在电子商务争议处理中,电子商务经营者应当提供原始合同和交易记录。因电子商务经营者丢失、伪造、篡改、销毁、隐匿或者拒绝提供前述资料,致使人民法院、仲裁机构或者有关机关无法查明事实的,电子商务经营者应当承担相应的法律责任。

第六十三条　电子商务平台经营者可以建立争议在线解决机

制,制定并公示争议解决规则,根据自愿原则,公平、公正地解决当事人的争议。

第六章　法　律　责　任

第七十四条　电子商务经营者销售商品或者提供服务,不履行合同义务或者履行合同义务不符合约定,或者造成他人损害的,依法承担民事责任。

第七十五条　电子商务经营者违反本法第十二条、第十三条规定,未取得相关行政许可从事经营活动,或者销售、提供法律、行政法规禁止交易的商品、服务,或者不履行本法第二十五条规定的信息提供义务,电子商务平台经营者违反本法第四十六条规定,采取集中交易方式进行交易,或者进行标准化合约交易的,依照有关法律、行政法规的规定处罚。

第七十六条　电子商务经营者违反本法规定,有下列行为之一的,由市场监督管理部门责令限期改正,可以处一万元以下的罚款,对其中的电子商务平台经营者,依照本法第八十一条第一款的规定处罚:

(一)未在首页显著位置公示营业执照信息、行政许可信息、属于不需要办理市场主体登记情形等信息,或者上述信息的链接标识的;

(二)未在首页显著位置持续公示终止电子商务的有关信息的;

(三)未明示用户信息查询、更正、删除以及用户注销的方式、程序,或者对用户信息查询、更正、删除以及用户注销设置不合理条件的。

电子商务平台经营者对违反前款规定的平台内经营者未采取必要措施的,由市场监督管理部门责令限期改正,可以处二万元以上十万元以下的罚款。

第七十七条 电子商务经营者违反本法第十八条第一款规定提供搜索结果,或者违反本法第十九条规定搭售商品、服务的,由市场监督管理部门责令限期改正,没收违法所得,可以并处五万元以上二十万元以下的罚款;情节严重的,并处二十万元以上五十万元以下的罚款。

第七十八条 电子商务经营者违反本法第二十一条规定,未向消费者明示押金退还的方式、程序,对押金退还设置不合理条件,或者不及时退还押金的,由有关主管部门责令限期改正,可以处五万元以上二十万元以下的罚款;情节严重的,处二十万元以上五十万元以下的罚款。

第七十九条 电子商务经营者违反法律、行政法规有关个人信息保护的规定,或者不履行本法第三十条和有关法律、行政法规规定的网络安全保障义务的,依照《中华人民共和国网络安全法》等法律、行政法规的规定处罚。

第八十条 电子商务平台经营者有下列行为之一的,由有关主管部门责令限期改正;逾期不改正的,处二万元以上十万元以下的罚款;情节严重的,责令停业整顿,并处十万元以上五十万元以下的罚款:

(一)不履行本法第二十七条规定的核验、登记义务的;

(二)不按照本法第二十八条规定向市场监督管理部门、税务部门报送有关信息的;

(三)不按照本法第二十九条规定对违法情形采取必要的处置措施,或者未向有关主管部门报告的;

(四)不履行本法第三十一条规定的商品和服务信息、交易信息保存义务的。

法律、行政法规对前款规定的违法行为的处罚另有规定的,依照其规定。

第八十一条 电子商务平台经营者违反本法规定,有下列行为之一的,由市场监督管理部门责令限期改正,可以处二万元以上十万

元以下的罚款;情节严重的,处十万元以上五十万元以下的罚款:

(一)未在首页显著位置持续公示平台服务协议、交易规则信息或者上述信息的链接标识的;

(二)修改交易规则未在首页显著位置公开征求意见,未按照规定的时间提前公示修改内容,或者阻止平台内经营者退出的;

(三)未以显著方式区分标记自营业务和平台内经营者开展的业务的;

(四)未为消费者提供对平台内销售的商品或者提供的服务进行评价的途径,或者擅自删除消费者的评价的。

电子商务平台经营者违反本法第四十条规定,对竞价排名的商品或者服务未显著标明"广告"的,依照《中华人民共和国广告法》的规定处罚。

第八十二条 电子商务平台经营者违反本法第三十五条规定,对平台内经营者在平台内的交易、交易价格或者与其他经营者的交易等进行不合理限制或者附加不合理条件,或者向平台内经营者收取不合理费用的,由市场监督管理部门责令限期改正,可以处五万元以上五十万元以下的罚款;情节严重的,处五十万元以上二百万元以下的罚款。

第八十三条 电子商务平台经营者违反本法第三十八条规定,对平台内经营者侵害消费者合法权益行为未采取必要措施,或者对平台内经营者未尽到资质资格审核义务,或者对消费者未尽到安全保障义务的,由市场监督管理部门责令限期改正,可以处五万元以上五十万元以下的罚款;情节严重的,责令停业整顿,并处五十万元以上二百万元以下的罚款。

第八十四条 电子商务平台经营者违反本法第四十二条、第四十五条规定,对平台内经营者实施侵犯知识产权行为未依法采取必要措施的,由有关知识产权行政部门责令限期改正;逾期不改正的,处五万元以上五十万元以下的罚款;情节严重的,处五十万元以上二百万元以下的罚款。

第八十五条 电子商务经营者违反本法规定,销售的商品或者提供的服务不符合保障人身、财产安全的要求,实施虚假或者引人误解的商业宣传等不正当竞争行为,滥用市场支配地位,或者实施侵犯知识产权、侵害消费者权益等行为的,依照有关法律的规定处罚。

第八十六条 电子商务经营者有本法规定的违法行为的,依照有关法律、行政法规的规定记入信用档案,并予以公示。

第八十七条 依法负有电子商务监督管理职责的部门的工作人员,玩忽职守、滥用职权、徇私舞弊,或者泄露、出售或者非法向他人提供在履行职责中所知悉的个人信息、隐私和商业秘密的,依法追究法律责任。

第八十八条 违反本法规定,构成违反治安管理行为的,依法给予治安管理处罚;构成犯罪的,依法追究刑事责任。

企业信息公示暂行条例

(2014年8月7日中华人民共和国国务院令第654号公布 根据2024年3月10日《国务院关于修改和废止部分行政法规的决定》修订)

第一条 为了保障公平竞争,促进企业诚信自律,规范企业信息公示，强化企业信用约束，维护交易安全，提高政府监管效能，扩大社会监督，制定本条例。

第二条 本条例所称企业信息，是指在市场监督管理部门登记的企业从事生产经营活动过程中形成的信息，以及政府部门在履行职责过程中产生的能够反映企业状况的信息。

第三条 企业信息公示应当真实、及时。公示的企业信息涉及国家秘密、国家安全或者社会公共利益的，应当报请主管的保密行政管理部门或者国家安全机关批准。县级以上地方人民政府有关部门公示的企业信息涉及企业商业秘密或者个人隐私的，应当报请上级主管部门批准。

第四条 省、自治区、直辖市人民政府领导本行政区域的企业信息公示工作，按照国家社会信用信息平台建设的总体要求，推动本行政区域企业信用信息公示系统的建设。

第五条 国务院市场监督管理部门推进、监督企业信息公示工作，组织国家企业信用信息公示系统的建设。国务院其他有关部门依照本条例规定做好企业信息公示相关工作。

县级以上地方人民政府有关部门依照本条例规定做好企业信息公示工作。

第六条 市场监督管理部门应当通过国家企业信用信息公示系统，公示其在履行职责过程中产生的下列企业信息：

（一）注册登记、备案信息；

（二）动产抵押登记信息；

（三）股权出质登记信息；

（四）行政处罚信息；

（五）其他依法应当公示的信息。

前款规定的企业信息应当自产生之日起 20 个工作日内予以公示。

第七条　市场监督管理部门以外的其他政府部门(以下简称其他政府部门)应当公示其在履行职责过程中产生的下列企业信息：

(一)行政许可准予、变更、延续信息；

(二)行政处罚信息；

(三)其他依法应当公示的信息。

其他政府部门可以通过国家企业信用信息公示系统，也可以通过其他系统公示前款规定的企业信息。市场监督管理部门和其他政府部门应当按照国家社会信用信息平台建设的总体要求，实现企业信息的互联共享。

第八条　企业应当于每年1月1日至6月30日，通过国家企业信用信息公示系统向市场监督管理部门报送上一年度年度报告，并向社会公示。

当年设立登记的企业，自下一年起报送并公示年度报告。

第九条　企业年度报告内容包括：

(一)企业通信地址、邮政编码、联系电话、电子邮箱等信息；

(二)企业开业、歇业、清算等存续状态信息；

(三)企业投资设立企业、购买股权信息；

(四)企业为有限责任公司或者股份有限公司的，其股东或者发起人认缴和实缴的出资额、出资时间、出资方式等信息；

(五)有限责任公司股东股权转让等股权变更信息；

(六)企业网站以及从事网络经营的网店的名称、网址等信息；

(七)企业从业人数、资产总额、负债总额、对外提供保证担保、所有者权益合计、营业总收入、主营业务收入、利润总额、净利润、纳税总额信息。

前款第一项至第六项规定的信息应当向社会公示，第七项规定的信息由企业选择是否向社会公示。

经企业同意，公民、法人或者其他组织可以查询企业选择不公示的信息。

第十条 企业应当自下列信息形成之日起 20 个工作日内通过国家企业信用信息公示系统向社会公示：

（一）有限责任公司股东或者股份有限公司发起人认缴和实缴的出资额、出资时间、出资方式等信息；

（二）有限责任公司股东股权转让等股权变更信息；

（三）行政许可取得、变更、延续信息；

（四）知识产权出质登记信息；

（五）受到行政处罚的信息；

（六）其他依法应当公示的信息。

市场监督管理部门发现企业未依照前款规定履行公示义务的，应当责令其限期履行。

第十一条 政府部门和企业分别对其公示信息的真实性、及时性负责。

第十二条 政府部门发现其公示的信息不准确的，应当及时更正。公民、法人或者其他组织有证据证明政府部门公示的信息不准确的，有权要求该政府部门予以更正。

企业发现其公示的信息不准确的，应当及时更正；但是，企业年度报告公示信息的更正应当在每年 6 月 30 日之前完成。更正前后的信息应当同时公示。

第十三条 公民、法人或者其他组织发现企业公示的信息虚假的，可以向市场监督管理部门举报，接到举报的市场监督管理部门应当自接到举报材料之日起 20 个工作日内进行核查，予以处理，并将处理情况书面告知举报人。

公民、法人或者其他组织对依照本条例规定公示的企业信息有疑问的，可以向政府部门申请查询，收到查询申请的政府部门应当自收到申请之日起 20 个工作日内书面答复申请人。

第十四条　国务院市场监督管理部门和省、自治区、直辖市人民政府市场监督管理部门应当按照公平规范的要求,根据企业注册号等随机摇号,确定抽查的企业,组织对企业公示信息的情况进行检查。

市场监督管理部门抽查企业公示的信息,可以采取书面检查、实地核查、网络监测等方式。市场监督管理部门抽查企业公示的信息,可以委托会计师事务所、税务师事务所、律师事务所等专业机构开展相关工作,并依法利用其他政府部门作出的检查、核查结果或者专业机构作出的专业结论。

抽查结果由市场监督管理部门通过国家企业信用信息公示系统向社会公布。

第十五条　市场监督管理部门对企业公示的信息依法开展抽查或者根据举报进行核查,企业应当配合,接受询问调查,如实反映情况,提供相关材料。

对不予配合情节严重的企业,市场监督管理部门应当通过国家企业信用信息公示系统公示。

第十六条　市场监督管理部门对涉嫌违反本条例规定的行为进行查处,可以行使下列职权:

(一)进入企业的经营场所实施现场检查;

(二)查阅、复制、收集与企业经营活动相关的合同、票据、账簿以及其他资料;

(三)向与企业经营活动有关的单位和个人调查了解情况;

(四)依法查询涉嫌违法的企业银行账户;

(五)法律、行政法规规定的其他职权。

市场监督管理部门行使前款第四项规定的职权的,应当经市场监督管理部门主要负责人批准。

第十七条　任何公民、法人或者其他组织不得非法修改公示的企业信息，不得非法获取企业信息。

第十八条 企业未按照本条例规定的期限公示年度报告或者未按照市场监督管理部门责令的期限公示有关企业信息的，由县级以上市场监督管理部门列入经营异常名录，并依法给予行政处罚。企业因连续2年未按规定报送年度报告被列入经营异常名录未改正，且通过登记的住所或者经营场所无法取得联系的，由县级以上市场监督管理部门吊销营业执照。

企业公示信息隐瞒真实情况、弄虚作假的，法律、行政法规有规定的，依照其规定；没有规定的，由市场监督管理部门责令改正，处1万元以上5万元以下罚款；情节严重的，处5万元以上20万元以下罚款，列入市场监督管理严重违法失信名单，并可以吊销营业执照。被列入市场监督管理严重违法失信名单的企业的法定代表人、负责人，3年内不得担任其他企业的法定代表人、负责人。

企业被吊销营业执照后，应当依法办理注销登记；未办理注销登记的，由市场监督管理部门依法作出处理。

第十九条 县级以上地方人民政府及其有关部门应当建立健全信用约束机制，在政府采购、工程招投标、国有土地出让、授予荣誉称号等工作中，将企业信息作为重要考量因素，对被列入经营异常名录或者市场监督管理严重违法失信名单的企业依法予以限制或者禁入。

第二十条 鼓励企业主动纠正违法失信行为、消除不良影响，依法申请修复失信记录。政府部门依法解除相关管理措施并修复失信记录的，应当及时将上述信息与有关部门共享。

第二十一条 政府部门未依照本条例规定履行职责的，由监察机关、上一级政府部门责令改正；情节严重的，对负有责任的主管人员和其他直接责任人员依法给予处分；构成犯罪的，依法追究刑事责任。

第二十二条 非法修改公示的企业信息，或者非法获取企业信息的,依照有关法律、行政法规规定追究法律责任。

第二十三条 公民、法人或者其他组织认为政府部门在企业信息公示工作中的具体行政行为侵犯其合法权益的,可以依法申请行政复议或者提起行政诉讼。

第二十四条 企业依照本条例规定公示信息,不免除其依照其他有关法律、行政法规规定公示信息的义务。

第二十五条 法律、法规授权的具有管理公共事务职能的组织公示企业信息适用本条例关于政府部门公示企业信息的规定。

第二十六条 国务院市场监督管理部门负责制定国家企业信用信息公示系统的技术规范。

个体工商户、农民专业合作社信息公示的具体办法由国务院市场监督管理部门另行制定。

第二十七条 本条例自2014年10月1日起施行。

保障中小企业款项支付条例

(2020年7月5日中华人民共和国国务院令第728号公布 2025年3月17日中华人民共和国国务院令第802号修订)

第一章 总 则

第一条 为了促进机关、事业单位和大型企业及时支付中小企业款项,维护中小企业合法权益,优化营商环境,根据《中华人民共和国中小企业促进法》等法律,制定本条例。

第二条 机关、事业单位和大型企业采购货物、工程、服务支付中小企业款项,应当遵守本条例。

第三条 本条例所称中小企业,是指在中华人民共和国境内依法设立,依据国务院批准的中小企业划分标准确定的中型企业、小型企业和微型企业;所称大型企业,是指中小企业以外的企业。

中小企业、大型企业依合同订立时的企业规模类型确定。中小企业与机关、事业单位、大型企业订立合同时,应当主动告知其属于中小企业。

第四条 保障中小企业款项支付工作,应当贯彻落实党和国家的路线方针政策、决策部署,坚持支付主体负责、行业规范自律、政府依法监管、社会协同监督的原则,依法防范和治理拖欠中小企业款项问题。

第五条 国务院负责中小企业促进工作综合管理的部门对保障中小企业款项支付工作进行综合协调、监督检查。国务院发展改革、财政、住房城乡建设、交通运输、水利、金融管理、国有资产监管、市场监督管理等有关部门应当按照职责分工,负责保障中小企业款项支付相关工作。

省、自治区、直辖市人民政府对本行政区域内保障中小企业款项支付工作负总责,加强组织领导、统筹协调,健全制度机制。县级以上地方人民政府负责本行政区域内保障中小企业款项支付的管理工作。

县级以上地方人民政府负责中小企业促进工作综合管理的部门和发展改革、财政、住房城乡建设、交通运输、水利、金融管理、国有资产监管、市场监督管理等有关部门应当按照职责分工,负责保障中小企业款项支付相关工作。

第六条 有关行业协会商会应当按照法律法规和组织章程,加强行业自律管理,规范引导本行业大型企业履行及时支付中小企业款项义务、不得利用优势地位拖欠中小企业款项,为中小企业提供信息咨询、权益保护、纠纷处理等方面的服务,保护中小企业合法权益。

鼓励大型企业公开承诺向中小企业采购货物、工程、服务的付款期限与方式。

第七条 机关、事业单位和大型企业不得要求中小企业接受不合理的付款期限、方式、条件和违约责任等交易条件,不得拖欠中小企业的货物、工程、服务款项。

中小企业应当依法经营,诚实守信,按照合同约定提供合格的货物、工程和服务。

第二章 款项支付规定

第八条 机关、事业单位使用财政资金从中小企业采购货物、工程、服务,应当严格按照批准的预算执行,不得无预算、超预算开展采购。

政府投资项目所需资金应当按照国家有关规定确保落实到位,不得由施工单位垫资建设。

第九条 机关、事业单位从中小企业采购货物、工程、服务,应当自货物、工程、服务交付之日起30日内支付款项;合同另有约定的,从其约定,但付款期限最长不得超过60日。

大型企业从中小企业采购货物、工程、服务,应当自货物、工程、服务交付之日起60日内支付款项;合同另有约定的,从其约定,但应当按照行业规范、交易习惯合理约定付款期限并及时支付款项,不得约定以收到第三方付款作为向中小企业支付款项的条件或者按照第三方付款进度比例支付中小企业款项。

法律、行政法规或者国家有关规定对本条第一款、第二款付款期限另有规定的,从其规定。

合同约定采取履行进度结算、定期结算等结算方式的,付款期限应当自双方确认结算金额之日起算。

第十条 机关、事业单位和大型企业与中小企业约定以货物、工程、服务交付后经检验或者验收合格作为支付中小企业款项条件的,付款期限应当自检验或者验收合格之日起算。

合同双方应当在合同中约定明确、合理的检验或者验收期限,并在该期限内完成检验或者验收,法律、行政法规或者国家有关规定对检验或者验收期限另有规定的,从其规定。机关、事业单位和大型企业拖延检验或者验收的,付款期限自约定的检验或者验收期限届满之日起算。

第十一条 机关、事业单位和大型企业使用商业汇票、应收账款电子凭证等非现金支付方式支付中小企业款项的,应当在合同中作出明确、合理约定,不得强制中小企业接受商业汇票、应收账款电子凭证等非现金支付方式,不得利用商业汇票、应收账款电子凭证等非现金支付方式变相延长付款期限。

第十二条 机关、事业单位和国有大型企业不得强制要求以审计机关的审计结果作为结算依据,法律、行政法规另有规定的除外。

第十三条 除依法设立的投标保证金、履约保证金、工程质量保证金、农民工工资保证金外,工程建设中不得以任何形式收取其他保证金。保证金的收取比例、方式应当符合法律、行政法规和国家有关规定。

机关、事业单位和大型企业不得将保证金限定为现金。中小企业以金融机构出具的保函等提供保证的,机关、事业单位和大型企业应当接受。

机关、事业单位和大型企业应当依法或者按照合同约定,在保证期限届满后及时与中小企业对收取的保证金进行核算并退还。

第十四条 机关、事业单位和大型企业不得以法定代表人或者主要负责人变更,履行内部付款流程,或者在合同未作约定的情况下以等待竣工验收备案、决算审计等为由,拒绝或者迟延支付中小企业款项。

第十五条 机关、事业单位和大型企业与中小企业的交易,部分存在争议但不影响其他部分履行的,对于无争议部分应当履行及时付款义务。

第十六条 鼓励、引导、支持商业银行等金融机构增加对中小企业的信贷投放,降低中小企业综合融资成本,为中小企业以应收账款、知识产权、政府采购合同、存货、机器设备等为担保品的融资提供便利。

中小企业以应收账款融资的,机关、事业单位和大型企业应当自中小企业提出确权请求之日起30日内确认债权债务关系,支持中小企业融资。

第十七条 机关、事业单位和大型企业迟延支付中小企业款项的,应当支付逾期利息。双方对逾期利息的利率有约定的,约定利率不得低于合同订立时1年期贷款市场报价利率;未作约定的,按照每日利率万分之五支付逾期利息。

第十八条 机关、事业单位应当于每年3月31日前将上一年度逾期尚未支付中小企业款项的合同数量、金额等信息通过网站、报刊等便于公众知晓的方式公开。

大型企业应当将逾期尚未支付中小企业款项的合同数量、金额等信息纳入企业年度报告,依法通过国家企业信用信息公示系统向社会公示。

第十九条 大型企业应当将保障中小企业款项支付工作情况,纳入企业风险控制与合规管理体系,并督促其全资或者控股子公司及时支付中小企业款项。

第二十条 机关、事业单位和大型企业及其工作人员不得以任何形式对提出付款请求或者投诉的中小企业及其工作人员进行恐吓、打击报复。

第三章 监督管理

第二十一条 县级以上人民政府及其有关部门通过监督检查、函询约谈、督办通报、投诉处理等措施,加大对机关、事业单位和大型企业拖欠中小企业款项的清理力度。

第二十二条 县级以上地方人民政府部门应当每年定期将上一年度逾期尚未支付中小企业款项情况按程序报告本级人民政府。事业单位、国有大型企业应当每年定期将上一年度逾期尚未支付中小企业款项情况按程序报其主管部门或者监管部门。

县级以上地方人民政府应当每年定期听取本行政区域内保障中小企业款项支付工作汇报,加强督促指导,研究解决突出问题。

第二十三条 省级以上人民政府建立督查制度,对保障中小企业款项支付工作进行监督检查,对政策落实不到位、工作推进不力的部门和地方人民政府主要负责人进行约谈。

县级以上人民政府负责中小企业促进工作综合管理的部门对拖欠中小企业款项的机关、事业单位和大型企业,可以进行函询约谈,对情节严重的,予以督办通报,必要时可以会同拖欠单位上级机关、行业主管部门、监管部门联合进行。

第二十四条 省级以上人民政府负责中小企业促进工作综合管理的部门(以下统称受理投诉部门)应当建立便利畅通的渠道,受理对机关、事业单位和大型企业拖欠中小企业款项的投诉。

国务院负责中小企业促进工作综合管理的部门建立国家统一的

拖欠中小企业款项投诉平台,加强投诉处理机制建设,与相关部门、地方人民政府信息共享、协同配合。

第二十五条 受理投诉部门应当按照"属地管理、分级负责,谁主管谁负责、谁监管谁负责"的原则,自正式受理之日起10个工作日内,按程序将投诉转交有关部门或者地方人民政府指定的部门(以下统称处理投诉部门)处理。

处理投诉部门应当自收到投诉材料之日起30日内形成处理结果,以书面形式反馈投诉人,并反馈受理投诉部门。情况复杂或者有其他特殊原因的,经部门负责人批准,可适当延长,但处理期限最长不得超过90日。

被投诉人应当配合处理投诉部门工作。处理投诉部门应当督促被投诉人及时反馈情况。被投诉人未及时反馈或者未按规定反馈的,处理投诉部门应当向其发出督办书;收到督办书仍拒不配合的,处理投诉部门可以约谈、通报被投诉人,并责令整改。

投诉人应当与被投诉人存在合同关系,不得虚假、恶意投诉。

受理投诉部门和处理投诉部门的工作人员,对在履行职责中获悉的国家秘密、商业秘密和个人信息负有保密义务。

第二十六条 机关、事业单位和大型企业拖欠中小企业款项依法依规被认定为失信的,受理投诉部门和有关部门按程序将有关失信情况记入相关主体信用记录。情节严重或者造成严重不良社会影响的,将相关信息纳入全国信用信息共享平台和国家企业信用信息公示系统,向社会公示;对机关、事业单位在公务消费、办公用房、经费安排等方面采取必要的限制措施,对大型企业在财政资金支持、投资项目审批、融资获取、市场准入、资质评定、评优评先等方面依法依规予以限制。

第二十七条 审计机关依法对机关、事业单位和国有大型企业支付中小企业款项情况实施审计监督。

第二十八条 国家依法开展中小企业发展环境评估和营商环境评价时,应当将保障中小企业款项支付工作情况纳入评估和评价内容。

第二十九条 国务院负责中小企业促进工作综合管理的部门依据国务院批准的中小企业划分标准,建立企业规模类型测试平台,提供中小企业规模类型自测服务。

对中小企业规模类型有争议的,可以向主张为中小企业一方所在地的县级以上地方人民政府负责中小企业促进工作综合管理的部门申请认定。人力资源社会保障、市场监督管理、统计等相关部门应当应认定部门的请求,提供必要的协助。

第三十条 国家鼓励法律服务机构为与机关、事业单位和大型企业存在支付纠纷的中小企业提供公益法律服务。

新闻媒体应当开展对保障中小企业款项支付相关法律法规政策的公益宣传,依法加强对机关、事业单位和大型企业拖欠中小企业款项行为的舆论监督。

第四章 法 律 责 任

第三十一条 机关、事业单位违反本条例,有下列情形之一的,由其上级机关、主管部门责令改正;拒不改正的,对负有责任的领导人员和直接责任人员依法给予处分:

(一)未在规定的期限内支付中小企业货物、工程、服务款项;

(二)拖延检验、验收;

(三)强制中小企业接受商业汇票、应收账款电子凭证等非现金支付方式,或者利用商业汇票、应收账款电子凭证等非现金支付方式变相延长付款期限;

(四)没有法律、行政法规依据,要求以审计机关的审计结果作为结算依据；

（五）违法收取保证金，拒绝接受中小企业以金融机构出具的保函等提供保证，或者不及时与中小企业对保证金进行核算并退还；

（六）以法定代表人或者主要负责人变更，履行内部付款流程，或者在合同未作约定的情况下以等待竣工验收备案、决算审计等为由，拒绝或者迟延支付中小企业款项；

（七）未按照规定公开逾期尚未支付中小企业款项信息。

第三十二条 机关、事业单位有下列情形之一的，依法追究责任：

（一）使用财政资金从中小企业采购货物、工程、服务，未按照批准的预算执行；

（二）要求施工单位对政府投资项目垫资建设。

第三十三条 国有大型企业拖欠中小企业款项，造成不良后果或者影响的，对负有责任的国有企业管理人员依法给予处分。

国有大型企业没有法律、行政法规依据，要求以审计机关的审计结果作为结算依据的，由其监管部门责令改正；拒不改正的，对负有责任的国有企业管理人员依法给予处分。

第三十四条 大型企业违反本条例，未按照规定在企业年度报告中公示逾期尚未支付中小企业款项信息或者隐瞒真实情况、弄虚作假的，由市场监督管理部门依法处理。

第三十五条 机关、事业单位和大型企业及其工作人员对提出付款请求或者投诉的中小企业及其工作人员进行恐吓、打击报复，或者有其他滥用职权、玩忽职守、徇私舞弊行为的，对负有责任的领导人员和直接责任人员依法给予处分或者处罚；构成犯罪的，依法追究刑事责任。

第五章　附　　则

第三十六条　部分或者全部使用财政资金的团体组织采购货物、工程、服务支付中小企业款项，参照本条例对机关、事业单位的有关规定执行。

军队采购货物、工程、服务支付中小企业款项，按照军队的有关规定执行。

第三十七条　本条例自 2025 年 6 月 1 日起施行。

网络反不正当竞争暂行规定

（2024 年 5 月 6 日国家市场监督管理总局令第 91 号公布　自 2024 年 9 月 1 日起施行）

第一章　总　　则

第一条　为了预防和制止网络不正当竞争行为，维护公平竞争的市场秩序，鼓励创新，保护经营者和消费者的合法权益，促进数字经济规范持续健康发展，根据《中华人民共和国反不正当竞争法》（以下简称反不正当竞争法）、《中华人民共和国电子商务法》（以下简称电子商务法）等法律、行政法规，制定本规定。

第二条　鼓励和支持经营者依法开展经营活动,公平参与市场竞争。经营者通过互联网等信息网络(以下简称网络)从事生产经营活动,应当遵循自愿、平等、公平、诚信的原则,遵守法律法规规章,遵守商业道德。

经营者不得实施网络不正当竞争行为,扰乱市场竞争秩序,影响市场公平交易,损害其他经营者或者消费者的合法权益。

第三条　国家市场监督管理总局负责监督指导全国网络反不正当竞争工作,组织查处全国范围内有重大影响的网络不正当竞争案件。

县级以上地方市场监督管理部门依法对网络不正当竞争行为进行查处。

市场监督管理部门在查处违法行为过程中,应当坚持依法行政,保证严格、规范、公正、文明执法。

第四条　市场监督管理部门应当会同反不正当竞争工作协调机制各成员单位,贯彻落实网络反不正当竞争重大政策措施,研究网络反不正当竞争工作重大问题,联合查处重大案件,协同推进综合治理。

反不正当竞争工作协调机制各成员单位应当按照职责分工,依法加强金融、传媒、电信等行业管理,采取有效措施,预防和制止网络不正当竞争行为。

第五条　国家鼓励、支持和保护一切组织和个人对网络不正当竞争行为进行社会监督。对涉嫌网络不正当竞争行为,任何单位和个人有权依法向市场监督管理部门举报,市场监督管理部门接到举报后应当及时处理。

行业组织应当加强行业自律,引导、规范会员依法合规竞争。

第六条　平台经营者应当加强对平台内竞争行为的规范管理,发现平台内经营者采取不正当竞争方式、违法销售商品、提供服务,或者侵害消费者合法权益的行为,应当及时采取必要的处置措施,保存有关记录,并按规定向平台经营者住所地县级以上市场监督管理部门报告。记录保存时间自作出处置措施之日起计算,不少于三年。

第二章 网络不正当竞争行为

第七条 经营者不得利用网络实施下列混淆行为,引人误以为是他人商品(本规定所称商品包括服务)或者与他人存在特定联系:

(一)擅自使用与他人有一定影响的域名主体部分、网站名称、网页等相同或者近似的标识;

(二)擅自将他人有一定影响的商品名称、企业名称(包括简称、字号等)、社会组织名称(包括简称等)、姓名(包括笔名、艺名、译名等)作为域名主体部分等网络经营活动标识;

(三)擅自使用与他人有一定影响的应用软件、网店、客户端、小程序、公众号、游戏界面等的页面设计、名称、图标、形状等相同或者近似的标识;

(四)擅自使用他人有一定影响的网络代称、网络符号、网络简称等标识;

(五)生产销售足以引人误认为是他人商品或者与他人存在特定联系的商品;

(六)通过提供网络经营场所等便利条件,与其他经营者共同实施混淆行为;

(七)其他利用网络实施的足以引人误认为是他人商品或者与他人存在特定联系的混淆行为。

擅自将他人有一定影响的商业标识设置为搜索关键词,足以引人误认为是他人商品或者与他人存在特定联系的,属于前款规定的混淆行为。

第八条 经营者不得采取下列方式,对商品生产经营主体以及

商品性能、功能、质量、来源、曾获荣誉、资格资质等作虚假或者引人误解的商业宣传,欺骗、误导消费者或者相关公众:

(一)通过网站、客户端、小程序、公众号等进行展示、演示、说明、解释、推介或者文字标注;

(二)通过直播、平台推荐、网络文案等方式,实施商业营销活动;

(三)通过热搜、热评、热转、榜单等方式,实施商业营销活动;

(四)其他虚假或者引人误解的商业宣传。

经营者不得帮助其他经营者实施前款虚假或者引人误解的商业宣传行为。

第九条 经营者不得实施下列行为,对商品生产经营主体以及商品销售状况、交易信息、经营数据、用户评价等作虚假或者引人误解的商业宣传,欺骗、误导消费者或者相关公众:

(一)虚假交易、虚假排名;

(二)虚构交易额、成交量、预约量等与经营有关的数据信息;

(三)采用谎称现货、虚构预订、虚假抢购等方式进行营销;

(四)编造用户评价,或者采用误导性展示等方式隐匿差评、将好评前置、差评后置、不显著区分不同商品的评价等;

(五)以返现、红包、卡券等方式利诱用户作出指定好评、点赞、定向投票等互动行为;

(六)虚构收藏量、点击量、关注量、点赞量、阅读量、订阅量、转发量等流量数据;

(七)虚构投票量、收听量、观看量、播放量、票房、收视率等互动数据;

(八)虚构升学率、考试通过率、就业率等教育培训效果;

(九)采用伪造口碑、炮制话题、制造虚假舆论热点、虚构网络就业者收入等方式进行营销;

(十)其他虚假或者引人误解的商业宣传行为。

经营者不得通过组织虚假交易、组织虚假排名等方式，帮助其他经营者实施前款虚假或者引人误解的商业宣传行为。

第十条 经营者不得采用财物或者其他手段，贿赂平台工作人员、对交易有影响的单位或者个人，以谋取交易机会或者在流量、排名、跟帖服务等方面的竞争优势。

前款所称的财物，包括现金、物品、网络虚拟财产以及礼券、基金、股份、债务免除等其他财产权益。

第十一条 经营者不得利用网络编造、传播虚假信息或者误导性信息，实施下列损害或者可能损害竞争对手的商业信誉、商品声誉的行为：

（一）组织、指使他人对竞争对手的商品进行恶意评价；

（二）利用或者组织、指使他人通过网络散布虚假或者误导性信息；

（三）利用网络传播含有虚假或者误导性信息的风险提示、告客户书、警告函或者举报信等；

（四）其他编造、传播虚假或者误导性信息，损害竞争对手商业信誉、商品声誉的行为。

客户端、小程序、公众号运营者以及提供跟帖评论服务的组织或者个人，不得故意与经营者共同实施前款行为。

本条所称的商业信誉，是指经营者在商业活动中的信用和名誉，包括相关公众对该经营者的资信状况、商业道德、技术水平、经济实力等方面的评价。

本条所称的商品声誉，是指商品在质量、品牌等方面的美誉度和知名度。

第十二条 经营者不得利用互联网、大数据、算法等技术手段，通过影响用户选择或者其他方式，实施流量劫持、干扰、恶意不兼容等行为，妨碍、破坏其他经营者合法提供的网络产品或者服务正常运行。

前款所称的影响用户选择,包括违背用户意愿和选择权、增加操作复杂性、破坏使用连贯性等。

判定是否构成第一款规定的不正当竞争行为,应当充分考虑是否有利于技术创新和行业发展等因素。

第十三条 未经其他经营者同意,经营者不得利用技术手段,实施下列插入链接或者强制进行目标跳转等行为,妨碍、破坏其他经营者合法提供的网络产品或者服务正常运行:

(一)在其他经营者合法提供的网络产品或者服务中,插入跳转链接、嵌入自己或者他人的产品或者服务;

(二)利用关键词联想、设置虚假操作选项等方式,设置指向自身产品或者服务的链接,欺骗或者误导用户点击;

(三)其他插入链接或者强制进行目标跳转的行为。

第十四条 经营者不得利用技术手段,误导、欺骗、强迫用户修改、关闭、卸载其他经营者合法提供的设备、功能或者其他程序等网络产品或者服务。

第十五条 经营者不得利用技术手段,恶意对其他经营者合法提供的网络产品或者服务实施不兼容。

判定经营者是否恶意对其他经营者合法提供的网络产品或者服务实施不兼容,可以综合考虑以下因素:

(一)是否知道或者应当知道不兼容行为会妨碍、破坏其他经营者合法提供的网络产品或者服务正常运行;

(二)不兼容行为是否影响其他经营者合法提供的网络产品或者服务正常运行,是否影响网络生态开放共享;

(三)不兼容行为是否针对特定对象,是否违反公平、合理、无歧视原则;

(四)不兼容行为对消费者、使用该网络产品或者服务的第三方经营者合法权益以及社会公共利益的影响;

（五）不兼容行为是否符合行业惯例、从业规范、自律公约等；

（六）不兼容行为是否导致其他经营者合法提供的网络产品或者服务成本不合理增加；

（七）是否有正当理由。

第十六条 经营者不得利用技术手段,直接、组织或者通过第三方实施以下行为,妨碍、破坏其他经营者合法提供的网络产品或者服务正常运行：

（一）故意在短期内与其他经营者发生大规模、高频次交易,或者给予好评等,使其他经营者受到搜索降权、降低信用等级、商品下架、断开链接、停止服务等处置；

（二）恶意在短期内批量拍下商品不付款；

（三）恶意批量购买后退货或者拒绝收货等。

第十七条 经营者不得针对特定经营者,拦截、屏蔽其合法提供的信息内容以及页面,妨碍、破坏其他经营者合法提供的网络产品或者服务正常运行,扰乱市场公平竞争秩序。拦截、屏蔽非法信息,频繁弹出干扰用户正常使用的信息以及不提供关闭方式的漂浮视窗等除外。

第十八条 经营者不得利用技术手段,通过影响用户选择、限流、屏蔽、搜索降权、商品下架等方式,干扰其他经营者之间的正常交易,妨碍、破坏其他经营者合法提供的网络产品或者服务的正常运行,扰乱市场公平竞争秩序。

经营者不得利用技术手段,通过限制交易对象、销售区域或者时间、参与促销推广活动等,影响其他经营者的经营选择,妨碍、破坏交易相对方合法提供的网络产品或者服务的正常运行,扰乱市场公平交易秩序。

第十九条 经营者不得利用技术手段,非法获取、使用其他经营者合法持有的数据,妨碍、破坏其他经营者合法提供的网络产品或者服务的正常运行,扰乱市场公平竞争秩序。

第二十条　经营者不得利用技术手段,对条件相同的交易相对方不合理地提供不同的交易条件,侵害交易相对方的选择权、公平交易权等,妨碍、破坏其他经营者合法提供的网络产品或者服务正常运行,扰乱市场公平交易秩序。

以下情形不属于前款规定的不正当竞争行为:

(一)根据交易相对人实际需求且符合正当的交易习惯和行业惯例,实行不同交易条件;

(二)针对新用户在合理期限内开展的优惠活动;

(三)基于公平、合理、无歧视的规则实施的随机性交易。

第二十一条　经营者不得利用技术手段,通过下列方式,实施妨碍、破坏其他经营者合法提供的网络产品或者服务正常运行的行为:

(一)违背用户意愿下载、安装、运行应用程序;

(二)无正当理由,对其他经营者合法提供的网络产品或者服务实施拦截、拖延审查、下架,以及其他干扰下载、安装、运行、更新、传播等行为;

(三)对相关设备运行非必需的应用程序不提供卸载功能或者对应用程序卸载设置不合理障碍;

(四)无正当理由,对其他经营者合法提供的网络产品或者服务,实施搜索降权、限制服务内容、调整搜索结果的自然排序等行为;

(五)其他妨碍、破坏其他经营者合法提供的网络产品或者服务正常运行的行为。

第二十二条　经营者不得违反本规定,实施其他网络不正当竞争行为,扰乱市场竞争秩序,影响市场公平交易,损害其他经营者或者消费者合法权益。

第二十三条　具有竞争优势的平台经营者没有正当理由,不得利用技术手段,滥用后台交易数据、流量等信息优势以及管理规则,通过屏蔽第三方经营信息、不正当干扰商品展示顺序等方式,妨碍、破坏其他经营者合法提供的网络产品或者服务正常运行,扰乱市场公平竞争秩序。

第二十四条 平台经营者不得利用服务协议、交易规则等手段,对平台内经营者在平台内的交易、交易价格以及与其他经营者的交易等进行不合理限制或者附加不合理条件。主要包括以下情形:

(一)强制平台内经营者签订排他性协议;

(二)对商品的价格、销售对象、销售区域或者销售时间进行不合理的限制;

(三)不合理设定扣取保证金,削减补贴、优惠和流量资源等限制;

(四)利用服务协议、交易规则对平台内经营者的交易进行其他不合理限制或者附加不合理条件。

第二十五条 平台经营者应当在服务协议、交易规则中公平合理确定收费标准,不得违背商业道德、行业惯例,向平台内经营者收取不合理的服务费用。

第二十六条 判定构成妨碍、破坏其他经营者合法提供的网络产品或者服务正常运行,可以综合考虑下列因素:

(一)其他经营者合法提供的网络产品或者服务是否无法正常使用;

(二)其他经营者合法提供的网络产品或者服务是否无法正常下载、安装、更新或者卸载;

(三)其他经营者合法提供的网络产品或者服务成本是否不合理增加;

(四)其他经营者合法提供的网络产品或者服务的用户或者访问量是否不合理减少;

(五)用户合法利益是否遭受损失,或者用户体验和满意度是否下降;

(六)行为频次、持续时间；

(七)行为影响的地域范围、时间范围等；

(八)是否利用其他经营者的网络产品或者服务牟取不正当利益。

第三章 监督检查

第二十七条 对网络不正当竞争案件的管辖适用《市场监督管理行政处罚程序规定》。

网络不正当竞争行为举报较为集中，或者引发严重后果或者其他不良影响的，可以由实际经营地、违法结果发生地的设区的市级以上地方市场监督管理部门管辖。

第二十八条 市场监督管理部门应当加强对网络不正当竞争行为的监测，发现违法行为的，依法予以查处。

市场监督管理部门在查办网络不正当竞争案件过程中，被调查的经营者、利害关系人及其他有关单位、个人应当如实提供有关资料或者情况，不得伪造、销毁涉案数据以及相关资料，不得妨害市场监督管理部门依法履行职责，不得拒绝、阻碍调查。

第二十九条 市场监督管理部门基于案件办理的需要，可以委托第三方专业机构对与案件相关的电子证据进行取证、固定，对财务数据进行审计。

第三十条 对于新型、疑难案件，市场监督管理部门可以委派专家观察员参与协助调查。专家观察员可以依据自身专业知识、业务技能、实践经验等，对经营者的竞争行为是否有促进创新、提高效率、保护消费者合法权益等正当理由提出建议。

第三十一条 市场监督管理部门及其工作人员、第三方专业机构、专家观察员等对参与调查过程中知悉的商业秘密负有保密义务。

市场监督管理部门的工作人员滥用职权、玩忽职守、徇私舞弊或者泄露调查过程中知悉的商业秘密的,依法给予处分。

第四章 法 律 责 任

第三十二条 平台经营者违反本规定第六条,未按规定保存信息,或者对平台内经营者侵害消费者合法权益行为未采取必要措施的,由市场监督管理部门依照电子商务法第八十条、第八十三条的规定处罚。

第三十三条 经营者违反本规定第七条的,由市场监督管理部门依照反不正当竞争法第十八条的规定处罚。

第三十四条 经营者违反本规定第八条、第九条的,由市场监督管理部门依照反不正当竞争法第二十条的规定处罚。

第三十五条 经营者违反本规定第十条的,由市场监督管理部门依照反不正当竞争法第十九条的规定处罚。

第三十六条 经营者违反本规定第十一条的,由市场监督管理部门依照反不正当竞争法第二十三条的规定处罚。

第三十七条 经营者违反本规定第十二条至第二十三条,妨害、破坏其他经营者合法提供的网络产品或者服务正常运行的,由市场监督管理部门依照反不正当竞争法第二十四条的规定处罚。

第三十八条 平台经营者违反本规定第二十四条、第二十五条的,由市场监督管理部门依照电子商务法第八十二条的规定处罚。

第三十九条 经营者违反本规定第二十八条的,由市场监督管理部门依照反不正当竞争法第二十八条的规定处罚。

第四十条 法律、行政法规对网络不正当竞争行为的查处另有规定的,依照其规定。

经营者利用网络排除、限制竞争,构成垄断行为的,依照《中华人民共和国反垄断法》处理。

第四十一条 经营者违反本规定,有违法所得的,依照《中华人民共和国行政处罚法》第二十八条的规定,除依法应当退赔的外,应当予以没收。

第四十二条 违反本规定涉嫌构成犯罪,依法需要追究刑事责任的,市场监督管理部门应当按照有关规定及时将案件移送公安机关处理。

第五章 附 则

第四十三条 本规定自 2024 年 9 月 1 日起施行。

规范互联网信息服务市场秩序若干规定

(2011 年 12 月 29 日工业和信息化部令第 20 号公布
自 2012 年 3 月 15 日起施行)

第一条 为了规范互联网信息服务市场秩序,保护互联网信息服务提供者和用户的合法权益,促进互联网行业的健康发展,根据《中华人民共和国电信条例》、《互联网信息服务管理办法》等法律、行政法规的规定,制定本规定。

第二条 在中华人民共和国境内从事互联网信息服务及与互联网信息服务有关的活动,应当遵守本规定。

第三条 工业和信息化部和各省、自治区、直辖市通信管理局(以下统称"电信管理机构")依法对互联网信息服务活动实施监督管理。

第四条 互联网信息服务提供者应当遵循平等、自愿、公平、诚信的原则提供服务。

第五条 互联网信息服务提供者不得实施下列侵犯其他互联网信息服务提供者合法权益的行为:

(一)恶意干扰用户终端上其他互联网信息服务提供者的服务,或者恶意干扰与互联网信息服务相关的软件等产品("与互联网信息服务相关的软件等产品"以下简称"产品")的下载、安装、运行和升级;

(二)捏造、散布虚假事实损害其他互联网信息服务提供者的合法权益,或者诋毁其他互联网信息服务提供者的服务或者产品;

(三)恶意对其他互联网信息服务提供者的服务或者产品实施不兼容;

(四)欺骗、误导或者强迫用户使用或者不使用其他互联网信息服务提供者的服务或者产品;

(五)恶意修改或者欺骗、误导、强迫用户修改其他互联网信息服务提供者的服务或者产品参数;

(六)其他违反国家法律规定,侵犯其他互联网信息服务提供者合法权益的行为。

第六条 对互联网信息服务提供者的服务或者产品进行评测,应当客观公正。

评测方公开或者向用户提供评测结果的,应当同时提供评测实施者、评测方法、数据来源、用户原始评价、评测手段和评测环境等与评测活动相关的信息。评测结果应当真实准确,与评测活动相关的信息应当完整全面。被评测的服务或者产品与评测方的服务或者产品相同或者功能类似的,评测结果中不得含有评测方的主观评价。

被评测方对评测结果有异议的,可以自行或者委托第三方就评测结果进行再评测,评测方应当予以配合。

评测方不得利用评测结果,欺骗、误导、强迫用户对被评测方的服务或者产品作出处置。

本规定所称评测,是指提供平台供用户评价,或者以其他方式对互联网信息服务或者产品的性能等进行评价和测试。

第七条 互联网信息服务提供者不得实施下列侵犯用户合法权益的行为:

(一)无正当理由拒绝、拖延或者中止向用户提供互联网信息服务或者产品;

(二)无正当理由限定用户使用或者不使用其指定的互联网信息服务或者产品;

(三)以欺骗、误导或者强迫等方式向用户提供互联网信息服务或者产品;

(四)提供的互联网信息服务或者产品与其向用户所作的宣传或者承诺不符;

(五)擅自改变服务协议或者业务规程,降低服务质量或者加重用户责任;

(六)与其他互联网信息服务提供者的服务或者产品不兼容时,未主动向用户提示和说明;

(七)未经提示并由用户主动选择同意,修改用户浏览器配置或者其他设置;

(八)其他违反国家法律规定,侵犯用户合法权益的行为。

第八条 互联网信息服务提供者在用户终端上进行软件下载、安装、运行、升级、卸载等操作的,应当提供明确、完整的软件功能等信息,并事先征得用户同意。

互联网信息服务提供者不得实施下列行为：

（一）欺骗、误导或者强迫用户下载、安装、运行、升级、卸载软件；

（二）未提供与软件安装方式同等或者更便捷的卸载方式；

（三）在未受其他软件影响和人为破坏的情况下，未经用户主动选择同意，软件卸载后有可执行代码或者其他不必要的文件驻留在用户终端。

第九条 互联网信息服务终端软件捆绑其他软件的，应当以显著的方式提示用户，由用户主动选择是否安装或者使用，并提供独立的卸载或者关闭方式，不得附加不合理条件。

第十条 互联网信息服务提供者在用户终端弹出广告或者其他与终端软件功能无关的信息窗口的，应当以显著的方式向用户提供关闭或者退出窗口的功能标识。

第十一条 未经用户同意，互联网信息服务提供者不得收集与用户相关、能够单独或者与其他信息结合识别用户的信息（以下简称"用户个人信息"），不得将用户个人信息提供给他人，但是法律、行政法规另有规定的除外。

互联网信息服务提供者经用户同意收集用户个人信息的，应当明确告知用户收集和处理用户个人信息的方式、内容和用途，不得收集其提供服务所必需以外的信息，不得将用户个人信息用于其提供服务之外的目的。

第十二条 互联网信息服务提供者应当妥善保管用户个人信息；保管的用户个人信息泄露或者可能泄露时，应当立即采取补救措施；造成或者可能造成严重后果的，应当立即向准予其互联网信息服务许可或者备案的电信管理机构报告，并配合相关部门进行的调查处理。

第十三条 互联网信息服务提供者应当加强系统安全防护，依法维护用户上载信息的安全，保障用户对上载信息的使用、修改和删除。

互联网信息服务提供者不得有下列行为：

（一）无正当理由擅自修改或者删除用户上载信息；

（二）未经用户同意，向他人提供用户上载信息，但是法律、行政法规另有规定的除外；

（三）擅自或者假借用户名义转移用户上载信息，或者欺骗、误导、强迫用户转移其上载信息；

（四）其他危害用户上载信息安全的行为。

第十四条 互联网信息服务提供者应当以显著的方式公布有效联系方式，接受用户及其他互联网信息服务提供者的投诉，并自接到投诉之日起十五日内作出答复。

第十五条 互联网信息服务提供者认为其他互联网信息服务提供者实施违反本规定的行为，侵犯其合法权益并对用户权益造成或者可能造成重大影响的，应当立即向准予该其他互联网信息服务提供者互联网信息服务许可或者备案的电信管理机构报告。

电信管理机构应当对报告或者发现的可能违反本规定的行为的影响进行评估；影响特别重大的，相关省、自治区、直辖市通信管理局应当向工业和信息化部报告。电信管理机构在依据本规定作出处理决定前，可以要求互联网信息服务提供者暂停有关行为，互联网信息服务提供者应当执行。

第十六条 互联网信息服务提供者违反本规定第五条、第七条或者第十三条的规定，由电信管理机构依据职权责令改正，处以警告，可以并处一万元以上三万元以下的罚款，向社会公告；其中，《中华人民共和国电信条例》或者《互联网信息服务管理办法》规定法律责任的，依照其规定处理。

第十七条 评测方违反本规定第六条的规定的，由电信管理机构依据职权处以警告，可以并处一万元以上三万元以下的罚款，向社会公告。

第十八条 互联网信息服务提供者违反本规定第八条、第九条、第十条、第十一条、第十二条或者第十四条的规定的,由电信管理机构依据职权处以警告,可以并处一万元以上三万元以下的罚款,向社会公告。

第十九条 互联网信息服务提供者违反本规定第十五条规定,不执行电信管理机构暂停有关行为的要求的,由电信管理机构依据职权处以警告,向社会公告。

第二十条 互联网信息服务提供者违反其他法律、行政法规规定的,依照其规定处理。

第二十一条 本规定自 2012 年 3 月 15 日起施行。

规范促销行为暂行规定

(2020 年 10 月 29 日国家市场监督管理总局令第 32 号公布
自 2020 年 12 月 1 日起施行)

第一章 总 则

第一条 为了规范经营者的促销行为,维护公平竞争的市场秩序,保护消费者、经营者合法权益,根据《中华人民共和国反不正当竞争法》(以下简称反不正当竞争法)、《中华人民共和国价格法》(以下简称价格法)、《中华人民共和国消费者权益保护法》(以下简称消费者权益保护法)等法律和行政法规,制定本规定。

第二条 经营者在中华人民共和国境内以销售商品、提供服务(以下所称商品包括提供服务)或者获取竞争优势为目的,通过有奖销售、价格、免费试用等方式开展促销,应当遵守本规定。

第三条 县级以上市场监督管理部门依法对经营者的促销行为进行监督检查,对违反本规定的行为实施行政处罚。

第四条 鼓励、支持和保护一切组织和个人对促销活动中的违法行为进行社会监督。

第二章 促销行为一般规范

第五条 经营者开展促销活动,应当真实准确,清晰醒目标示活动信息,不得利用虚假商业信息、虚构交易或者评价等方式作虚假或者引人误解的商业宣传,欺骗、误导消费者或者相关公众(以下简称消费者)。

第六条 经营者通过商业广告、产品说明、销售推介、实物样品或者通知、声明、店堂告示等方式作出优惠承诺的,应当履行承诺。

第七条 卖场、商场、市场、电子商务平台经营者等交易场所提供者(以下简称交易场所提供者)统一组织场所内(平台内)经营者开展促销的,应当制定相应方案,公示促销规则、促销期限以及对消费者不利的限制性条件,向场所内(平台内)经营者提示促销行为注意事项。

第八条 交易场所提供者发现场所内(平台内)经营者在统一组织的促销中出现违法行为的,应当依法采取必要处置措施,保存有关信息记录,依法承担相应义务和责任,并协助市场监督管理部门查处违法行为。

第九条 经营者不得假借促销等名义,通过财物或者其他手段贿赂他人,以谋取交易机会或者竞争优势。

第十条 经营者在促销活动中提供的奖品或者赠品必须符合国家有关规定,不得以侵权或者不合格产品、国家明令淘汰并停止销售的商品等作为奖品或者赠品。

国家对禁止用于促销活动的商品有规定的,依照其规定。

第三章 有奖销售行为规范

第十一条 本规定所称有奖销售,是指经营者以销售商品或者获取竞争优势为目的,向消费者提供奖金、物品或者其他利益的行为,包括抽奖式和附赠式等有奖销售。

抽奖式有奖销售是指经营者以抽签、摇号、游戏等带有偶然性或者不确定性的方法,决定消费者是否中奖的有奖销售行为。

附赠式有奖销售是指经营者向满足一定条件的消费者提供奖金、物品或者其他利益的有奖销售行为。

经政府或者政府有关部门依法批准的有奖募捐及其他彩票发售活动,不适用本规定。

第十二条 经营者为了推广移动客户端、招揽客户、提高知名度、获取流量、提高点击率等,附带性地提供物品、奖金或者其他利益的行为,属于本规定所称的有奖销售。

第十三条 经营者在有奖销售前,应当明确公布奖项种类、参与条件、参与方式、开奖时间、开奖方式、奖金金额或者奖品价格、奖品品名、奖品种类、奖品数量或者中奖概率、兑奖时间、兑奖条件、兑奖方式、奖品交付方式、弃奖条件、主办方及其联系方式等信息,不得变更,不得附加条件,不得影响兑奖,但有利于消费者的除外。

在现场即时开奖的有奖销售活动中,对超过五百元奖项的兑奖情况,应当随时公示。

第十四条 奖品为积分、礼券、兑换券、代金券等形式的,应当公布兑换规则、使用范围、有效期限以及其他限制性条件等详细内容;需要向其他经营者兑换的,应当公布其他经营者的名称、兑换地点或者兑换途径。

第十五条 经营者进行有奖销售,不得采用以下谎称有奖的方式:

(一)虚构奖项、奖品、奖金金额等;

(二)仅在活动范围中的特定区域投放奖品;

(三)在活动期间将带有中奖标志的商品、奖券不投放、未全部投放市场;

(四)将带有不同奖金金额或者奖品标志的商品、奖券按不同时间投放市场;

(五)未按照向消费者明示的信息兑奖;

(六)其他谎称有奖的方式。

第十六条 经营者进行有奖销售,不得采用让内部员工、指定单位或者个人中奖等故意让内定人员中奖的欺骗方式。

第十七条 抽奖式有奖销售最高奖的金额不得超过五万元。有下列情形之一的,认定为最高奖的金额超过五万元:

(一)最高奖设置多个中奖者的,其中任意一个中奖者的最高奖金额超过五万元;

(二)同一奖券或者购买一次商品具有两次或者两次以上获奖机会的,累计金额超过五万元;

(三)以物品使用权、服务等形式作为奖品的,该物品使用权、服务等的市场价格超过五万元;

(四)以游戏装备、账户等网络虚拟物品作为奖品的,该物品市场价格超过五万元;

（五）以降价、优惠、打折等方式作为奖品的，降价、优惠、打折等利益折算价格超过五万元；

（六）以彩票、抽奖券等作为奖品的，该彩票、抽奖券可能的最高奖金额超过五万元；

（七）以提供就业机会、聘为顾问等名义，并以给付薪金等方式设置奖励，最高奖的金额超过五万元；

（八）以其他形式进行抽奖式有奖销售，最高奖金额超过五万元。

第十八条 经营者以非现金形式的物品或者其他利益作为奖品的，按照同期市场同类商品的价格计算其金额。

第十九条 经营者应当建立档案，如实、准确、完整地记录设奖规则、公示信息、兑奖结果、获奖人员等内容，妥善保存两年并依法接受监督检查。

第四章 价格促销行为规范

第二十条 经营者开展价格促销活动有附加条件的，应当显著标明条件。经营者开展限时减价、折价等价格促销活动的，应当显著标明期限。

第二十一条 经营者折价、减价，应当标明或者通过其他方便消费者认知的方式表明折价、减价的基准。

未标明或者表明基准的，其折价、减价应当以同一经营者在同一经营场所内，在本次促销活动前七日内最低成交价格为基准。如果前七日内没有交易的，折价、减价应当以本次促销活动前最后一次交易价格为基准。

第二十二条 经营者通过积分、礼券、兑换券、代金券等折抵价款的，应当以显著方式标明或者通过店堂告示等方式公开折价计算的具体办法。

未标明或者公开折价计算具体办法的,应当以经营者接受兑换时的标价作为折价计算基准。

第五章 法律责任

第二十三条 违反本规定第五条,构成虚假宣传的,由市场监督管理部门依据反不正当竞争法第二十条的规定进行处罚。

第二十四条 违反本规定第六条、第八条、第十条,法律法规有规定的,从其规定;法律法规没有规定的,由县级以上市场监督管理部门责令改正;可处违法所得三倍以下罚款,但最高不超过三万元;没有违法所得的,可处一万元以下罚款。

第二十五条 违反本规定第七条,未公示促销规则、促销期限以及对消费者不利的限制性条件,法律法规有规定的,从其规定;法律法规没有规定的,由县级以上市场监督管理部门责令改正,可以处一万元以下罚款。

第二十六条 违反本规定第九条,构成商业贿赂的,由市场监督管理部门依据反不正当竞争法第十九条的规定进行处罚。

第二十七条 违反本规定第十三条第一款、第十四条、第十五条、第十六条、第十七条,由市场监督管理部门依据反不正当竞争法第二十二条的规定进行处罚。

第二十八条 违反本规定第十三条第二款、第十九条,由县级以上市场监督管理部门责令改正,可以处一万元以下罚款。

第二十九条 违反本规定第二十条、第二十一条、第二十二条,构成价格违法行为的,由市场监督管理部门依据价格监管法律法规进行处罚。

第三十条 市场监督管理部门作出行政处罚决定后,应当依法通过国家企业信用信息公示系统向社会公示。

第六章 附　则

第三十一条　本规定自 2020 年 12 月 1 日起施行。1993 年 12 月 24 日原国家工商行政管理局令第 19 号发布的《关于禁止有奖销售活动中不正当竞争行为的若干规定》同时废止。

最高人民法院关于审理侵犯商业秘密民事案件适用法律若干问题的规定

（2020 年 8 月 24 日最高人民法院审判委员会第 1810 次会议通过　2020 年 9 月 10 日公布　法释〔2020〕7 号　自 2020 年 9 月 12 日起施行）

为正确审理侵犯商业秘密民事案件，根据《中华人民共和国反不正当竞争法》《中华人民共和国民事诉讼法》等有关法律规定，结合审判实际，制定本规定。

第一条　与技术有关的结构、原料、组分、配方、材料、样品、样式、植物新品种繁殖材料、工艺、方法或其步骤、算法、数据、计算机程序及其有关文档等信息，人民法院可以认定构成反不正当竞争法第九条第四款所称的技术信息。

与经营活动有关的创意、管理、销售、财务、计划、样本、招投标材料、客户信息、数据等信息,人民法院可以认定构成反不正当竞争法第九条第四款所称的经营信息。

前款所称的客户信息,包括客户的名称、地址、联系方式以及交易习惯、意向、内容等信息。

第二条 当事人仅以与特定客户保持长期稳定交易关系为由,主张该特定客户属于商业秘密的,人民法院不予支持。

客户基于对员工个人的信赖而与该员工所在单位进行交易,该员工离职后,能够证明客户自愿选择与该员工或者该员工所在的新单位进行交易的,人民法院应当认定该员工没有采用不正当手段获取权利人的商业秘密。

第三条 权利人请求保护的信息在被诉侵权行为发生时不为所属领域的相关人员普遍知悉和容易获得的,人民法院应当认定为反不正当竞争法第九条第四款所称的不为公众所知悉。

第四条 具有下列情形之一的,人民法院可以认定有关信息为公众所知悉:

(一)该信息在所属领域属于一般常识或者行业惯例的;

(二)该信息仅涉及产品的尺寸、结构、材料、部件的简单组合等内容,所属领域的相关人员通过观察上市产品即可直接获得的;

(三)该信息已经在公开出版物或者其他媒体上公开披露的;

(四)该信息已通过公开的报告会、展览等方式公开的;

(五)所属领域的相关人员从其他公开渠道可以获得该信息的。

将为公众所知悉的信息进行整理、改进、加工后形成的新信息,符合本规定第三条规定的,应当认定该新信息不为公众所知悉。

第五条 权利人为防止商业秘密泄露,在被诉侵权行为发生以前所采取的合理保密措施,人民法院应当认定为反不正当竞争法第九条第四款所称的相应保密措施。

人民法院应当根据商业秘密及其载体的性质、商业秘密的商业价值、保密措施的可识别程度、保密措施与商业秘密的对应程度以及权利人的保密意愿等因素,认定权利人是否采取了相应保密措施。

第六条 具有下列情形之一,在正常情况下足以防止商业秘密泄露的,人民法院应当认定权利人采取了相应保密措施:

(一)签订保密协议或者在合同中约定保密义务的;

(二)通过章程、培训、规章制度、书面告知等方式,对能够接触、获取商业秘密的员工、前员工、供应商、客户、来访者等提出保密要求的;

(三)对涉密的厂房、车间等生产经营场所限制来访者或者进行区分管理的;

(四)以标记、分类、隔离、加密、封存、限制能够接触或者获取的人员范围等方式,对商业秘密及其载体进行区分和管理的;

(五)对能够接触、获取商业秘密的计算机设备、电子设备、网络设备、存储设备、软件等,采取禁止或者限制使用、访问、存储、复制等措施的;

(六)要求离职员工登记、返还、清除、销毁其接触或者获取的商业秘密及其载体,继续承担保密义务的;

(七)采取其他合理保密措施的。

第七条 权利人请求保护的信息因不为公众所知悉而具有现实的或者潜在的商业价值,人民法院经审查可以认定为反不正当竞争法第九条第四款所称的具有商业价值。

生产经营活动中形成的阶段性成果符合前款规定的,人民法院经审查可以认定该成果具有商业价值。

第八条 被诉侵权人以违反法律规定或者公认的商业道德的方式获取权利人的商业秘密的,人民法院应当认定属于反不正当竞争法第九条第一款所称的以其他不正当手段获取权利人的商业秘密。

第九条 被诉侵权人在生产经营活动中直接使用商业秘密，或者对商业秘密进行修改、改进后使用，或者根据商业秘密调整、优化、改进有关生产经营活动的，人民法院应当认定属于反不正当竞争法第九条所称的使用商业秘密。

第十条 当事人根据法律规定或者合同约定所承担的保密义务，人民法院应当认定属于反不正当竞争法第九条第一款所称的保密义务。

当事人未在合同中约定保密义务，但根据诚信原则以及合同的性质、目的、缔约过程、交易习惯等，被诉侵权人知道或者应当知道其获取的信息属于权利人的商业秘密的，人民法院应当认定被诉侵权人对其获取的商业秘密承担保密义务。

第十一条 法人、非法人组织的经营、管理人员以及具有劳动关系的其他人员，人民法院可以认定为反不正当竞争法第九条第三款所称的员工、前员工。

第十二条 人民法院认定员工、前员工是否有渠道或者机会获取权利人的商业秘密，可以考虑与其有关的下列因素：

（一）职务、职责、权限；

（二）承担的本职工作或者单位分配的任务；

（三）参与和商业秘密有关的生产经营活动的具体情形；

（四）是否保管、使用、存储、复制、控制或者以其他方式接触、获取商业秘密及其载体；

（五）需要考虑的其他因素。

第十三条 被诉侵权信息与商业秘密不存在实质性区别的，人民法院可以认定被诉侵权信息与商业秘密构成反不正当竞争法第三十二条第二款所称的实质上相同。

人民法院认定是否构成前款所称的实质上相同，可以考虑下列因素：

（一）被诉侵权信息与商业秘密的异同程度；

（二）所属领域的相关人员在被诉侵权行为发生时是否容易想到被诉侵权信息与商业秘密的区别；

（三）被诉侵权信息与商业秘密的用途、使用方式、目的、效果等是否具有实质性差异；

（四）公有领域中与商业秘密相关信息的情况；

（五）需要考虑的其他因素。

第十四条 通过自行开发研制或者反向工程获得被诉侵权信息的，人民法院应当认定不属于反不正当竞争法第九条规定的侵犯商业秘密行为。

前款所称的反向工程，是指通过技术手段对从公开渠道取得的产品进行拆卸、测绘、分析等而获得该产品的有关技术信息。

被诉侵权人以不正当手段获取权利人的商业秘密后，又以反向工程为由主张未侵犯商业秘密的，人民法院不予支持。

第十五条 被申请人试图或者已经以不正当手段获取、披露、使用或者允许他人使用权利人所主张的商业秘密，不采取行为保全措施会使判决难以执行或者造成当事人其他损害，或者将会使权利人的合法权益受到难以弥补的损害的，人民法院可以依法裁定采取行为保全措施。

前款规定的情形属于民事诉讼法第一百条、第一百零一条所称情况紧急的，人民法院应当在四十八小时内作出裁定。

第十六条 经营者以外的其他自然人、法人和非法人组织侵犯商业秘密，权利人依据反不正当竞争法第十七条的规定主张侵权人应当承担的民事责任的，人民法院应予支持。

第十七条 人民法院对于侵犯商业秘密行为判决停止侵害的民事责任时，停止侵害的时间一般应当持续到该商业秘密已为公众所知悉时为止。

依照前款规定判决停止侵害的时间明显不合理的，人民法院可以在依法保护权利人的商业秘密竞争优势的情况下，判决侵权人在一定期限或者范围内停止使用该商业秘密。

第十八条 权利人请求判决侵权人返还或者销毁商业秘密载体，清除其控制的商业秘密信息的，人民法院一般应予支持。

第十九条 因侵权行为导致商业秘密为公众所知悉的，人民法院依法确定赔偿数额时，可以考虑商业秘密的商业价值。

人民法院认定前款所称的商业价值，应当考虑研究开发成本、实施该项商业秘密的收益、可得利益、可保持竞争优势的时间等因素。

第二十条 权利人请求参照商业秘密许可使用费确定因被侵权所受到的实际损失的，人民法院可以根据许可的性质、内容、实际履行情况以及侵权行为的性质、情节、后果等因素确定。

人民法院依照反不正当竞争法第十七条第四款确定赔偿数额的，可以考虑商业秘密的性质、商业价值、研究开发成本、创新程度、能带来的竞争优势以及侵权人的主观过错、侵权行为的性质、情节、后果等因素。

第二十一条 对于涉及当事人或者案外人的商业秘密的证据、材料，当事人或者案外人书面申请人民法院采取保密措施的，人民法院应当在保全、证据交换、质证、委托鉴定、询问、庭审等诉讼活动中采取必要的保密措施。

违反前款所称的保密措施的要求，擅自披露商业秘密或者在诉讼活动之外使用或者允许他人使用在诉讼中接触、获取的商业秘密的，应当依法承担民事责任。构成民事诉讼法第一百一十一条规定情形的，人民法院可以依法采取强制措施。构成犯罪的，依法追究刑事责任。

第二十二条 人民法院审理侵犯商业秘密民事案件时，对在侵犯商业秘密犯罪刑事诉讼程序中形成的证据，应当按照法定程序，全面、客观地审查。

由公安机关、检察机关或者人民法院保存的与被诉侵权行为具有关联性的证据,侵犯商业秘密民事案件的当事人及其诉讼代理人因客观原因不能自行收集,申请调查收集的,人民法院应当准许,但可能影响正在进行的刑事诉讼程序的除外。

第二十三条 当事人主张依据生效刑事裁判认定的实际损失或者违法所得确定涉及同一侵犯商业秘密行为的民事案件赔偿数额的,人民法院应予支持。

第二十四条 权利人已经提供侵权人因侵权所获得的利益的初步证据,但与侵犯商业秘密行为相关的账簿、资料由侵权人掌握的,人民法院可以根据权利人的申请,责令侵权人提供该账簿、资料。侵权人无正当理由拒不提供或者不如实提供的,人民法院可以根据权利人的主张和提供的证据认定侵权人因侵权所获得的利益。

第二十五条 当事人以涉及同一被诉侵犯商业秘密行为的刑事案件尚未审结为由,请求中止审理侵犯商业秘密民事案件,人民法院在听取当事人意见后认为必须以该刑事案件的审理结果为依据的,应予支持。

第二十六条 对于侵犯商业秘密行为,商业秘密独占使用许可合同的被许可人提起诉讼的,人民法院应当依法受理。

排他使用许可合同的被许可人和权利人共同提起诉讼,或者在权利人不起诉的情况下自行提起诉讼的,人民法院应当依法受理。

普通使用许可合同的被许可人和权利人共同提起诉讼,或者经权利人书面授权单独提起诉讼的,人民法院应当依法受理。

第二十七条 权利人应当在一审法庭辩论结束前明确所主张的商业秘密具体内容。仅能明确部分的,人民法院对该明确的部分进行审理。

权利人在第二审程序中另行主张其在一审中未明确的商业秘密具体内容的,第二审人民法院可以根据当事人自愿的原则就与该商业秘密具体内容有关的诉讼请求进行调解；调解不成的，告知当事人另行起诉。双方当事人均同意由第二审人民法院一并审理的，第二审人民法院可以一并裁判。

第二十八条　人民法院审理侵犯商业秘密民事案件，适用被诉侵权行为发生时的法律。被诉侵权行为在法律修改之前已经发生且持续到法律修改之后的，适用修改后的法律。

第二十九条　本规定自2020年9月12日起施行。最高人民法院以前发布的相关司法解释与本规定不一致的，以本规定为准。

本规定施行后，人民法院正在审理的一审、二审案件适用本规定；施行前已经作出生效裁判的案件，不适用本规定再审。

最高人民法院关于适用《中华人民共和国反不正当竞争法》若干问题的解释

（2022年1月29日最高人民法院审判委员会第1862次会议通过
2022年3月16日公布　法释〔2022〕9号
自2022年3月20日起施行）

为正确审理因不正当竞争行为引发的民事案件，根据《中华人民共和国民法典》《中华人民共和国反不正当竞争法》《中华人民共和国民事诉讼法》等有关法律规定，结合审判实践，制定本解释。

第一条 经营者扰乱市场竞争秩序,损害其他经营者或者消费者合法权益,且属于违反反不正当竞争法第二章及专利法、商标法、著作权法等规定之外情形的,人民法院可以适用反不正当竞争法第二条予以认定。

第二条 与经营者在生产经营活动中存在可能的争夺交易机会、损害竞争优势等关系的市场主体,人民法院可以认定为反不正当竞争法第二条规定的"其他经营者"。

第三条 特定商业领域普遍遵循和认可的行为规范,人民法院可以认定为反不正当竞争法第二条规定的"商业道德"。

人民法院应当结合案件具体情况,综合考虑行业规则或者商业惯例、经营者的主观状态、交易相对人的选择意愿、对消费者权益、市场竞争秩序、社会公共利益的影响等因素,依法判断经营者是否违反商业道德。

人民法院认定经营者是否违反商业道德时,可以参考行业主管部门、行业协会或者自律组织制定的从业规范、技术规范、自律公约等。

第四条 具有一定的市场知名度并具有区别商品来源的显著特征的标识,人民法院可以认定为反不正当竞争法第六条规定的"有一定影响的"标识。

人民法院认定反不正当竞争法第六条规定的标识是否具有一定的市场知名度,应当综合考虑中国境内相关公众的知悉程度,商品销售的时间、区域、数额和对象,宣传的持续时间、程度和地域范围,标识受保护的情况等因素。

第五条 反不正当竞争法第六条规定的标识有下列情形之一的,人民法院应当认定其不具有区别商品来源的显著特征:

(一)商品的通用名称、图形、型号;

(二)仅直接表示商品的质量、主要原料、功能、用途、重量、数量及其他特点的标识；

（三）仅由商品自身的性质产生的形状，为获得技术效果而需有的商品形状以及使商品具有实质性价值的形状；

（四）其他缺乏显著特征的标识。

前款第一项、第二项、第四项规定的标识经过使用取得显著特征，并具有一定的市场知名度，当事人请求依据反不正当竞争法第六条规定予以保护的，人民法院应予支持。

第六条 因客观描述、说明商品而正当使用下列标识，当事人主张属于反不正当竞争法第六条规定的情形的，人民法院不予支持：

（一）含有本商品的通用名称、图形、型号；

（二）直接表示商品的质量、主要原料、功能、用途、重量、数量以及其他特点；

（三）含有地名。

第七条 反不正当竞争法第六条规定的标识或者其显著识别部分属于商标法第十条第一款规定的不得作为商标使用的标志，当事人请求依据反不正当竞争法第六条规定予以保护的，人民法院不予支持。

第八条 由经营者营业场所的装饰、营业用具的式样、营业人员的服饰等构成的具有独特风格的整体营业形象，人民法院可以认定为反不正当竞争法第六条第一项规定的"装潢"。

第九条 市场主体登记管理部门依法登记的企业名称，以及在中国境内进行商业使用的境外企业名称，人民法院可以认定为反不正当竞争法第六条第二项规定的"企业名称"。

有一定影响的个体工商户、农民专业合作社（联合社）以及法律、行政法规规定的其他市场主体的名称（包括简称、字号等），人民法院可以依照反不正当竞争法第六条第二项予以认定。

第十条 在中国境内将有一定影响的标识用于商品、商品包装或者容器以及商品交易文书上,或者广告宣传、展览以及其他商业活动中,用于识别商品来源的行为,人民法院可以认定为反不正当竞争法第六条规定的"使用"。

第十一条 经营者擅自使用与他人有一定影响的企业名称(包括简称、字号等)、社会组织名称(包括简称等)、姓名(包括笔名、艺名、译名等)、域名主体部分、网站名称、网页等近似的标识,引人误认为是他人商品或者与他人存在特定联系,当事人主张属于反不正当竞争法第六条第二项、第三项规定的情形的,人民法院应予支持。

第十二条 人民法院认定与反不正当竞争法第六条规定的"有一定影响的"标识相同或者近似,可以参照商标相同或者近似的判断原则和方法。

反不正当竞争法第六条规定的"引人误认为是他人商品或者与他人存在特定联系",包括误认为与他人具有商业联合、许可使用、商业冠名、广告代言等特定联系。

在相同商品上使用相同或者视觉上基本无差别的商品名称、包装、装潢等标识,应当视为足以造成与他人有一定影响的标识相混淆。

第十三条 经营者实施下列混淆行为之一,足以引人误认为是他人商品或者与他人存在特定联系的,人民法院可以依照反不正当竞争法第六条第四项予以认定:

(一)擅自使用反不正当竞争法第六条第一项、第二项、第三项规定以外"有一定影响的"标识;

(二)将他人注册商标、未注册的驰名商标作为企业名称中的字号使用,误导公众。

第十四条 经营者销售带有违反反不正当竞争法第六条规定的标识的商品,引人误认为是他人商品或者与他人存在特定联系,当事人主张构成反不正当竞争法第六条规定的情形的,人民法院应予支持。

销售不知道是前款规定的侵权商品,能证明该商品是自己合法取得并说明提供者,经营者主张不承担赔偿责任的,人民法院应予支持。

第十五条 故意为他人实施混淆行为提供仓储、运输、邮寄、印制、隐匿、经营场所等便利条件,当事人请求依据民法典第一千一百六十九条第一款予以认定的,人民法院应予支持。

第十六条 经营者在商业宣传过程中,提供不真实的商品相关信息,欺骗、误导相关公众的,人民法院应当认定为反不正当竞争法第八条第一款规定的虚假的商业宣传。

第十七条 经营者具有下列行为之一,欺骗、误导相关公众的,人民法院可以认定为反不正当竞争法第八条第一款规定的"引人误解的商业宣传":

(一)对商品作片面的宣传或者对比;

(二)将科学上未定论的观点、现象等当作定论的事实用于商品宣传;

(三)使用歧义性语言进行商业宣传;

(四)其他足以引人误解的商业宣传行为。

人民法院应当根据日常生活经验、相关公众一般注意力、发生误解的事实和被宣传对象的实际情况等因素,对引人误解的商业宣传行为进行认定。

第十八条 当事人主张经营者违反反不正当竞争法第八条第一款的规定并请求赔偿损失的,应当举证证明其因虚假或者引人误解的商业宣传行为受到损失。

第十九条 当事人主张经营者实施了反不正当竞争法第十一条规定的商业诋毁行为的,应当举证证明其为该商业诋毁行为的特定损害对象。

第二十条 经营者传播他人编造的虚假信息或者误导性信息,损害竞争对手的商业信誉、商品声誉的,人民法院应当依照反不正当竞争法第十一条予以认定。

第二十一条 未经其他经营者和用户同意而直接发生的目标跳转,人民法院应当认定为反不正当竞争法第十二条第二款第一项规定的"强制进行目标跳转"。

仅插入链接,目标跳转由用户触发的,人民法院应当综合考虑插入链接的具体方式、是否具有合理理由以及对用户利益和其他经营者利益的影响等因素,认定该行为是否违反反不正当竞争法第十二条第二款第一项的规定。

第二十二条 经营者事前未明确提示并经用户同意,以误导、欺骗、强迫用户修改、关闭、卸载等方式,恶意干扰或者破坏其他经营者合法提供的网络产品或者服务,人民法院应当依照反不正当竞争法第十二条第二款第二项予以认定。

第二十三条 对于反不正当竞争法第二条、第八条、第十一条、第十二条规定的不正当竞争行为,权利人因被侵权所受到的实际损失、侵权人因侵权所获得的利益难以确定,当事人主张依据反不正当竞争法第十七条第四款确定赔偿数额的,人民法院应予支持。

第二十四条 对于同一侵权人针对同一主体在同一时间和地域范围实施的侵权行为,人民法院已经认定侵害著作权、专利权或者注册商标专用权等并判令承担民事责任,当事人又以该行为构成不正当竞争为由请求同一侵权人承担民事责任的,人民法院不予支持。

第二十五条 依据反不正当竞争法第六条的规定,当事人主张判令被告停止使用或者变更其企业名称的诉讼请求依法应予支持的,人民法院应当判令停止使用该企业名称。

第二十六条 因不正当竞争行为提起的民事诉讼,由侵权行为地或者被告住所地人民法院管辖。

当事人主张仅以网络购买者可以任意选择的收货地作为侵权行为地的,人民法院不予支持。

第二十七条 被诉不正当竞争行为发生在中华人民共和国领域外,但侵权结果发生在中华人民共和国领域内,当事人主张由该侵权结果发生地人民法院管辖的,人民法院应予支持。

第二十八条 反不正当竞争法修改决定施行以后人民法院受理的不正当竞争民事案件,涉及该决定施行前发生的行为的,适用修改前的反不正当竞争法;涉及该决定施行前发生、持续到该决定施行以后的行为的,适用修改后的反不正当竞争法。

第二十九条 本解释自2022年3月20日起施行。《最高人民法院关于审理不正当竞争民事案件应用法律若干问题的解释》(法释〔2007〕2号)同时废止。

本解释施行以后尚未终审的案件,适用本解释;施行以前已经终审的案件,不适用本解释再审。

附录三 典型案例

最高人民法院发布反垄断和反不正当竞争典型案例[1]

（2024年9月11日）

目 录

1."米线生产商"横向垄断协议案〔最高人民法院（2023）最高法知民终653号〕——固定商品价格、联合抵制交易的认定及损害赔偿确定

2."有线数字电视加扰信号服务公用企业"滥用市场支配地位案〔最高人民法院（2023）最高法知民终383号〕——搭售、拒绝交易行为的认定

3."天然气公司"捆绑交易案〔最高人民法院（2023）最高法知民终1547号〕——反垄断行政处罚后继诉讼中的举证责任及损害赔偿确定

4."蔬菜批发市场"滥用市场支配地位案〔最高人民法院（2024）最高法知民终748号〕——仲裁协议不能排除人民法院受理垄断民

---

[1] 来源：《人民法院报》2024年9月12日，第3版。

事纠纷

5."新能源汽车底盘"技术秘密侵权案〔最高人民法院（2023）最高法知民终 1590 号〕——技术秘密侵权判断及停止侵害的具体措施

6."轻抖"不正当竞争纠纷案〔浙江省杭州市余杭区人民法院（2022）浙 0110 民初 8714 号〕——组织刷量、制造虚假流量的虚假宣传行为的认定

7."施耐德"仿冒混淆纠纷案〔江苏省高级人民法院（2021）苏知终 19 号〕——对侵权获利巨大的恶意侵权行为赔偿数额的确定

8. 企业征信数据平台不正当竞争纠纷案〔广东省深圳市中级人民法院（2023）粤 03 民终 4897 号〕——数据使用者不正当竞争行为的认定

1."米线生产商"横向垄断协议案

——固定商品价格、联合抵制交易的
认定及损害赔偿确定

【案号】最高人民法院（2023）最高法知民终 653 号〔云南易某润滇米线股份有限公司与云南润某食品有限公司、昆明林某秋谷食品制造有限责任公司等横向垄断协议纠纷案〕

【基本案情】米线生产商云南易某润滇米线股份有限公司（以下简称易某润滇公司）起诉主张，云南润某食品有限公司（以下简称润某公司）联合昆明林某秋谷食品制造有限责任公司（以下简称林某秋谷公司）等 7 位被诉垄断行为人达成并实施了固定商品价格、联合抵制交易的横向垄断协议，导致易某润滇公司经营困难，最终停止米线生产加工，请求赔偿经济损失 500 万元、合理开支 20 万元。一审法院认为，被诉垄断行为人达成但未实施固定商品价格横向垄断协议，未

达成联合抵制交易协议,判令连带支付易某润滇公司2万元合理开支,驳回其他诉讼请求。易某润滇公司不服,提起上诉。

最高人民法院二审认为,润某公司和林某秋谷公司等米线厂通过签订购销合同确定润某公司从米线厂采购米线的统购价格,润某公司和林某秋谷公司等7位被诉垄断行为人再通过润某公司股东会决议、调价通知等形式,分别固定了米线厂向米线摊位、中间商销售水米线的零售价格、供货价格,达成并实施了固定水米线价格的横向垄断协议。润某公司和林某秋谷公司等7位被诉垄断行为人还以润某公司的名义与中间商达成合作协议、与米线摊位达成供货协议,要求中间商和米线摊位只能派送或销售协议厂家生产的米线,如违反要求,则须向润某公司支付5万元违约金,同时协议厂家将联合对该中间商、米线摊位实施断供。前述购销合同也约定,林某秋谷公司等米线厂除自有业务外不得向润某公司之外的第三方销售,并要求签订购销合同的米线厂不得接受中间商窜厂采购米线,否则处2万元至5万元罚金。润某公司和林某秋谷公司等7位被诉垄断行为人还采用签订保证书、成立专门工作小组等措施,并通过设置相应的奖惩机制,互相督促确保联合抵制交易协议的实施。上述行为导致协议内的米线厂、中间商、零售摊位相互配合、层层巩固,排除协议厂家之外的米线厂进入当地米线销售市场,且在实施过程中针对性地重点排挤、打压易某润滇公司,实施了联合抵制的横向垄断协议并排除、限制了市场竞争。

易某润滇公司没有提供可证明其损失的相应证据,最高人民法院综合考虑被诉垄断行为人的主观恶性程度、被诉垄断行为的持续时间、对易某润滇公司的影响等因素,最终判决:撤销一审判决;改判润某公司赔偿易某润滇公司经济损失及合理开支110万元,林某秋谷公司等7位被诉垄断行为人对润某公司承担的赔偿义务承担连带责任。

【典型意义】本案系固定商品价格、联合抵制交易的横向垄断协议案件。本案裁判通过对被诉垄断行为的细致分析，阐明了具有竞争关系的数个经营者联合抵制具有竞争关系的其他经营者时所采取的横向、纵向交错的合同措施安排，认定案涉联合抵制交易构成横向垄断协议。米线是深受云南当地人民群众喜爱的日常生活消费品，本案裁判通过办好关乎群众切身利益的"关键小事"，彰显反垄断法治精神，对规范民生领域的垄断行为具有积极意义。

2."有线数字电视加扰信号服务公用企业"滥用市场支配地位案

——搭售、拒绝交易行为的认定

【案号】最高人民法院（2023）最高法知民终383号〔某化纺视讯维修站与中国广电某网络股份有限公司鞍山市分公司滥用市场支配地位纠纷案〕

【基本案情】中国广电某网络股份有限公司鞍山市分公司（以下简称广电某鞍山分公司）系辽宁省鞍山市内唯一提供有线电视加扰信号和宽带业务信号的企业。某化纺视讯维修站（以下简称某化纺维修站）与广电某鞍山分公司于2018年11月23日签订一份为期三年的合作协议，约定：广电某鞍山分公司在合作区域内传输有线数字电视加扰信号，某化纺维修站自行接入广电某鞍山分公司有线电视网络；合作区域内某化纺维修站供应客户的机顶盒消耗完后只能使用广电某鞍山分公司提供的机顶盒；合作期满后在同等条件下某化纺维修站有权优先续约。2021年11月21日，广电某鞍山分公司函告某化纺维修站，合作协议履行期届满后不再续约。双方协商无果，某化纺维修站遂向一审法院起诉，请求判令广电某鞍山分公司停止实施拒绝交易行为，按原合同约定的收费标准续签合同；确认其搭售机顶盒和IC卡的行为无效,允许某化纺维修站使用其他品牌的机顶盒和IC卡入网;赔偿某化纺维修站支出的律师费。一审法院认为,广电某鞍山分公司的被诉行为不构成滥用市场支配地位,据此判决驳回某化纺维修站的全部诉讼请求。某化纺维修站不服,提起上诉。

最高人民法院二审认为,本案相关市场应界定为辽宁省鞍山市有线数字电视加扰信号服务市场,广电某鞍山分公司是该市内唯一能够将该项服务覆盖全市的经营主体,故其在该市场内具有支配地位。广电某鞍山分公司没有正当理由要求某化纺维修站在自行购买的机顶盒消耗完毕后只能使用其提供的机顶盒,这不仅限制、剥夺了某化纺维修站在有线电视机顶盒市场上选择其他交易相对方的自由,也排斥、限制了其他现有或潜在的有线电视机顶盒供应商向某化纺维修站供应机顶盒的交易机会,构成搭售行为。鞍山市有线数字电视加扰信号服务市场由于历史、政策、技术等多重因素叠加导致的客观情势变更,在合作协议履行期届满时已趋于自然消亡,双方的合作模式已无延续之价值,且广电某鞍山分公司已自行完成合作区域范围的有线电视网络建设,该区域居民用户可正常收看有线数字电视节目,故广电某鞍山分公司不再续约不构成拒绝交易。某化纺维修站在本案中支出的律师费5000元,予以全额支持。据此,最高人民法院二审判决,撤销一审判决,广电某鞍山分公司赔偿某化纺维修站合理开支5000元,驳回某化纺视讯维修站的其他诉讼请求。

【典型意义】本案涉及滥用市场支配地位中拒绝交易行为和搭售行为的认定。本案纠纷虽然发生在有线数字电视加扰信号的供应方和接收方之间,但直接关系终端用户收看有线数字电视的民生福祉。本案裁判对于人民法院积极发挥反垄断司法职能作用、科学界定相关市场、精准识别滥用市场支配地位行为、维护市场公平竞争、实现反垄断法预防和制止垄断行为的立法目的,具有积极意义。

3."天然气公司"捆绑交易案

——反垄断行政处罚后继诉讼中的
举证责任及损害赔偿确定

【案号】最高人民法院(2023)最高法知民终1547号〔海东华某燃气器具商贸有限公司民和分公司与青海省民和川某石油天然气有限责任公司捆绑交易纠纷案〕

【基本案情】海东华某燃气器具商贸有限公司民和分公司(以下简称华某燃气器具公司)起诉称,2017年10月,华某燃气器具公司向青海省海东市民和回族土族自治县(以下简称民和县)某村马某等10余位村民销售并安装燃气壁挂锅炉。青海省民和川某石油天然气有限责任公司(以下简称川某天然气公司)在受理案涉村民天然气用气申请时,要求案涉村民必须安装川某天然气公司指定的壁挂锅炉,否则不予接入天然气,案涉村民被迫拆除已安装的壁挂锅炉,因壁挂锅炉拆除后无法再次销售,华某燃气器具公司因此遭受损失,请求判令川某天然气公司赔偿经济损失10.72万元。2020年5月,青海省市场监督管理局作出行政处罚决定,认定川某天然气公司违反了反垄断法有关禁止具有市场支配地位的经营者没有正当理由搭售商品的规定。川某天然气公司对案涉行政处罚决定不服,提起行政诉讼,经过两审行政诉讼,案涉行政处罚决定在本案诉讼时已经生效。一审法院认为,川某天然气公司的被诉垄断行为属于反垄断法禁止的搭售行为,判决川某天然气公司赔偿华某燃气器具公司经济损失8万元。川某天然气公司不服,提起上诉。

最高人民法院二审认为,本案系反垄断执法机构作出的处罚决定后的后继民事赔偿诉讼。案涉行政处罚决定认定,川某天然气公司作为民和县主城区唯一的城镇民用管道天然气供气企业,在2009年至2018年期间,实施了滥用市场支配地位的搭售商品行为。川某天然气公司未能提交证据推翻行政处罚决定认定的基本事实。华某燃气器具公司在提交了已经生效的案涉处罚决定书后,无需再行举证证明川某天然气公司实施了本案被诉垄断行为。由于川某天然气公司的搭售行为,华某燃气器具公司向案涉村民销售并已经安装的壁挂锅炉因不能接入天然气而无法使用,华某燃气器具公司被迫将锅炉价款退还村民。华某燃气器具公司以其向村民退还的壁挂锅炉价款和锅炉安装费合计10.72万元主张经济损失,鉴于锅炉安装费已经实际发生,且壁挂锅炉对安全性要求较高,拆除后的壁挂锅炉二次销售价格将急剧下降,一审法院酌定赔偿8万元,并无不当。最高人民法院二审判决,驳回上诉,维持原判。

【典型意义】本案系反垄断执法机构作出处罚决定后发生的后继民事赔偿诉讼。本案裁判依法减轻原告对被诉滥用市场支配地位行为的举证责任,并综合考量原告的实际损失、可得利益损失判决被告赔偿损失,对惩治垄断行为,保障基层民生,维护人民群众合法权益,规范民用天然气行业的市场竞争秩序,提高人民群众的反垄断法治意识具有积极意义。

4."蔬菜批发市场"滥用市场支配地位案

——仲裁协议不能排除人民法院受理垄断民事纠纷

【案号】最高人民法院(2024)最高法知民终748号〔谭某与长沙马某堆农产品股份有限公司滥用市场支配地位纠纷案〕

【基本案情】谭某起诉称,长沙马某堆农产品股份有限公司(以下简称马某堆公司)在湖南省长沙县蔬菜供应市场具有市场支配地位。

2017年12月,谭某作为蔬菜批发商户与马某堆公司签订涉案合同,入驻马某堆公司经营的吉某物流园。2023年6月,马某堆公司以谭某同时还在红某市场经营为由,单方面将谭某的服务费收费标准提高到之前的3倍,并称只有谭某退出红某市场,才能恢复原服务费收费标准,且不退还已多收取的服务费。谭某认为,马某堆公司滥用市场支配地位,限定谭某只能与其进行交易,以不公平高价要求谭某支付服务费,对相同条件的商户在交易价格上实行差别待遇,故起诉请求解除谭某与马某堆公司之间签订的涉案合同,判令马某堆公司向谭某退还剩余租金、入驻费及多收取的服务费,并赔偿谭某经济损失。一审法院认为,涉案合同存在仲裁条款,一审法院对本案无权管辖,裁定驳回谭某的起诉。谭某不服,提起上诉。

最高人民法院二审认为,虽然涉案合同约定在合同履行过程中发生的争议可申请仲裁予以解决,但由于本案审理并不局限于涉案合同所约定的谭某与马某堆公司之间的合同权利义务关系,还涉及对马某堆公司是否存在市场支配地位以及是否实施了滥用市场支配地位行为的认定,并且马某堆公司是否实施了被诉垄断行为直接关系到公平市场竞争秩序、消费者利益和社会公共利益。因此,不能以当事人之间存在仲裁协议即当然排除人民法院受理本案,本案属于人民法院的受案范围。本案被诉滥用市场支配地位的行为系发生在涉案合同履行中的行为,且谭某诉请解除涉案合同,本案应当作为垄断民事纠纷并依照合同纠纷的管辖规定确定管辖法院,一审法院对本案具有管辖权。遂裁定撤销一审裁定,指令一审法院审理。目前,一审法院已重新立案,正在审理中。

【典型意义】本案依据最新发布的反垄断民事诉讼司法解释的规定,认定当事人之间的仲裁协议不能排除人民法院受理垄断民事纠纷,同时明确了应结合原告的诉请确定因合同履行行为引发的滥用市场支配地位纠纷管辖的标准。本案裁判彰显了反垄断法作为市场经济基本法的地位，对规范人民法院受理和审理垄断纠纷具有参考意义。

5."新能源汽车底盘"技术秘密侵权案
——技术秘密侵权判断及停止侵害的具体措施

【案号】最高人民法院（2023）最高法知民终1590号〔浙江吉某控股集团有限公司、浙江吉某汽车研究院有限公司与威某汽车科技集团有限公司、威某汽车制造温州有限公司等侵害技术秘密纠纷案〕

【基本案情】浙江吉某控股集团有限公司的下属公司近40名高级管理人员及技术人员先后离职赴威某汽车科技集团有限公司及其关联公司（威某四公司统称威某方）工作，其中30人于2016年离职后即入职。2018年，浙江吉某控股集团有限公司、浙江吉某汽车研究院有限公司（吉某两公司统称吉某方）发现威某方两公司以上述部分离职人员作为发明人或共同发明人，利用在原单位接触、掌握的新能源汽车底盘应用技术以及其中的12套底盘零部件图纸及数模承载的技术信息（以下简称涉案技术秘密）申请了12件专利，且威某方推出的威某EX系列型号电动汽车，涉嫌侵害涉案技术秘密。吉某方向一审法院提起诉讼，请求判令威某方停止侵害并赔偿经济损失及合理开支共21亿元。一审法院经审理认为，威某汽车制造温州有限公司（以下简称威某温州公司）侵害了吉某方涉案5套底盘零部件图纸技术秘密，酌定其赔偿吉某方经济损失及维权合理开支共700万元。吉某方、威某温州公司均不服，提起上诉。

最高人民法院二审认为，本案是一起有组织、有计划地以不正当手段大规模挖取新能源汽车技术人才及技术资源引发的侵害技术秘密案件。通过整体分析和综合判断，威某方实施了以不正当手段获取全部涉案技术秘密、以申请专利的方式非法披露部分涉案技术秘密、使用全部涉案技术秘密的行为。二审判决在总体判令威某方应立即停止披露、使用、允许他人使用涉案技术秘密的基础上，进一步细化和明确其停止侵害的具体方式、内容、范围，包括但不限于：除非获得吉某方的同意，威某方停止以任何方式披露、使用、允许他人使用涉案技术秘密，不得自己实施、许可他人实施、转让、质押或者以其他方式处分涉案12件专利；将所有载有涉案技术秘密的图纸、数模及其他技术资料予以销毁或者移交吉某方；以发布公告、公司内部通知等方式，将判决及其中有关停止侵害的要求，通知威某方及其所有员工以及关联公司、相关部件供应商，并要求有关人员和单位签署保守商业秘密及不侵权承诺书等。考虑威某方具有明显侵权故意、侵权情节恶劣、侵害后果严重等因素，对威某方2019年5月至2022年第一季度的侵权获利适用2倍惩罚性赔偿，威某方应赔偿吉某方经济损失及合理开支约6.4亿元。为保障非金钱给付义务的履行，二审判决进一步明确如威某方违反判决确定的停止侵害等非金钱给付义务，应以每日100万元计付迟延履行金；如威某方擅自处分12件专利，应针对其中每件专利一次性支付100万元等。

【典型意义】本案是有力打击有组织、有计划、大规模侵害技术秘密行为的典型案例。人民法院在整体判断侵害技术秘密行为的基础上，不仅适用惩罚性赔偿法律规定确定赔偿数额，还对于停止侵害民事责任的具体承担及非金钱给付义务迟延履行金的计付标准等进行积极有益的探索。充分彰显了严格保护知识产权的鲜明态度和打击不正当竞争的坚定决心，有利于营造尊重原创、公平竞争、保护科技创新的法治环境。

6."轻抖"不正当竞争纠纷案

——组织刷量、制造虚假流量的虚假宣传行为的认定

【案号】浙江省杭州市余杭区人民法院（2022）浙0110民初8714号〔北京微某视界科技有限公司与杭州大某网络科技有限公司、爱某马（杭州）网络科技有限公司不正当竞争纠纷案〕

【基本案情】抖某平台系北京微某视界科技有限公司（以下简称北京微某公司）运营的短视频分享平台，根据用户需求推送视频，其算法推荐机制系基于视频完播率、评论数、点赞数、分享数、直播间人气、用户粉丝数等若干指标设计的算法程序，依赖于用户对视频、直播等的真实反馈从而实现智能推送。杭州大某网络科技有限公司（以下简称杭州大某公司）设计、开发、运营针对抖某平台的"轻抖"产品（包括官网、APP和小程序等形式），对增加粉丝量、播放量等数据有需求的用户在"轻抖"产品上有偿发布"任务"，吸引其他用户在抖某平台上完成关注、观看视频等任务后赚得赏金。爱某马（杭州）网络科技有限公司（以下简称爱某马公司）系"轻抖"产品的收款方。北京微某公司以二被告组织运营"轻抖"系列服务产品的行为构成不正当竞争为由诉至法院，请求判令二被告停止侵权、消除影响并共同承担450万元的赔偿。

一审法院经审理认为，北京微某公司对以视频播放量、直播间人气及抖某平台用户粉丝数为代表的数据整体享有竞争法上的合法权益，其就抖某平台的运营及开发利用该数据资源能够为其带来的商业价值及竞争利益应获得保护。被诉行为通过运营交易平台，帮助、指引流量需求方发布需求任务，"接任务"用户伪装成正常用户完成刷量任务，人工制造虚假点击量和关注数量，干扰了平台流量分配机

制,属于反不正当竞争法第八条第二款规制的不正当竞争行为。遂判令二被告停止侵权、消除影响并共同承担400万元的赔偿责任。一审宣判后,二被告不服提起上诉,杭州市中级人民法院二审判决驳回上诉,维持原判。

【典型意义】本案为打击"刷粉刷量"等网络黑灰产业的典型案例。人民法院准确运用反不正当竞争法关于制止虚假宣传行为的法律规定,及时、有效规制为平台主播组织"刷粉刷量"、不当获取流量的虚假宣传不正当竞争行为,对于引导、促进平台主播诚信经营,保障健康直播业态,营造公平竞争、规范有序的市场环境,发挥了积极作用。

7. "施耐德"仿冒混淆纠纷案

——对侵权获利巨大的恶意侵权行为赔偿数额的确定

【案号】江苏省高级人民法院(2021)苏知终19号〔施某德电气(中国)有限公司与苏州施某德电梯有限公司侵害商标权及不正当竞争纠纷案〕

【基本案情】施某德电气欧洲公司(以下简称施某德欧洲公司)将核定使用在第9类断路器、电开关等商品上的"Schneider Electric""施耐德"注册商标许可给其投资的施某德电气(中国)有限公司(以下简称施某德中国公司)使用。施某德中国公司在全国各地投资有多个电气生产企业,且多以"施耐德"作为企业字号。"Schneider Electric""施耐德"等系列商标在电气行业和市场上具有较高的市场知名度。施某德中国公司认为,苏州施某德电梯有限公司(以下简称苏州施某德公司)突出使用"施耐德""SCHNEiDER"标识的行为构成商标侵权,登记含有"施耐德"字号的企业名称,并使用与"Schneider Electric"商标核心要素

"Schneider electric"近似域名的行为构成不正当竞争,遂诉至法院,请求判令苏州施某德公司停止侵权、变更企业名称、赔偿损失、消除影响。苏州施某德公司辩称,被诉标识的使用经境外公司授权,不存在攀附涉案商标商誉的主观过错。

一审法院经审理认为,被诉行为构成商标侵权及不正当竞争,判决苏州施某德公司立即停止被诉行为;办理企业名称变更手续;赔偿损失4000万元及合理开支15万元;刊登声明,消除影响。江苏省高级人民法院二审认为,苏州施某德公司明知涉案商标及涉案字号的知名度,通过与境外公司签订品牌使用协议以获取与涉案商标近似标识的授权,目的在于攀附涉案商标的商誉,一审判决对商标侵权及不正当竞争行为的认定正确。综合考虑涉案商标的知名度及市场价值、苏州施某德公司的主观恶意、侵权行为的时间及规模等因素,一审判决确定的4000万元赔偿数额,并无不当。江苏省高级人民法院二审判决驳回上诉,维持原判。

【典型意义】本案为严厉惩治"搭便车"等仿冒混淆行为的典型案例。在有充分证据证实侵权获利超出法定赔偿最高限额的情况下,人民法院合理分配举证责任,正确适用裁量性赔偿方式酌情确定赔偿数额,有力打击攀附他人商誉的市场混淆行为,显著提高侵权成本,充分体现切实加大知识产权保护力度的鲜明司法导向。

8. 企业征信数据平台不正当竞争纠纷案

——数据使用者不正当竞争行为的认定

【案号】广东省深圳市中级人民法院(2023)粤03民终4897号〔深圳市长某顺企业管理咨询有限公司与北京天某查科技有限公司、北京金某科技有限公司不正当竞争纠纷案〕

【基本案情】深圳市长某顺企业管理咨询有限公司（以下简称长某顺公司）指控北京金某科技有限公司（以下简称金某公司）、北京天某查科技有限公司（以下简称天某查公司）以下行为构成不正当竞争：1.在"天某查"网站发布的数据中未包含其在深圳联合产权交易所登记的股权信息；2.在"天某查"网站发布的长某顺公司与深圳奥某德集团股份有限公司（以下简称奥某德公司）之间的持股关系与实际情况不符；3.在收到长某顺公司的律师函及附件后，未对"天某查"网站中的数据进行修正。长某顺公司据此请求判决二被告将其列入奥某德公司股东列表、消除影响并赔偿其维权开支。

深圳市中级人民法院经审理认为，本案所涉原始数据为长某顺公司的对外持股信息，企业对外投资、历史变更情况等直接关系其市场竞争地位。长某顺公司作为金某公司、天某查公司运营的征信数据系统中的数据原始主体，对于该征信数据系统公布的长某顺公司的对外持股信息，具有竞争法意义上的竞争权益。金某公司、天某查公司作为数据使用主体，对于数据原始主体负有数据质量保证义务。如果金某公司、天某查公司在发布企业数据时出现质量问题，会造成数据原始主体竞争权益的增加或减损，同时也会损害数据消费者基于其合理信赖所产生的利益。本案中，"天某查"网站的经营者在收到长某顺公司关于数据准确性问题的投诉及相关证明材料后，有义务对相关数据进行核查并更新，但其既未审查投诉证明材料的真实性，也未采取合理措施纠正征信数据系统中的数据偏差，导致长某顺公司对外持股信息长期未能在"天某查"网站得以显示。错误的持股信息必然带来数据消费主体对长某顺公司经营状况的错误判断，进而对长某顺公司的市场竞争权益产生损害，并损害数据消费者的知情权与互联网征信行业正常的市场竞争秩序。综上，金某公司、天某查公司的行为构成不正当竞争，应当承担停止侵害、消除影响等民事责任，遂判令金某公司、天某查公司在其经营的

"天某查"网站将长某顺公司的持股信息列入奥某德公司的股东信息页面,刊登声明消除影响,并赔偿长某顺公司合理维权开支30880元。

【典型意义】本案为数据使用者不正当竞争行为认定的典型案例。人民法院充分考虑大数据业态发展阶段、商业模式、技术现状,以及数字经济发展现状与规律,积极探索适用反不正当竞争法的原则性条款,合理确定原始数据主体竞争权益的范围以及数据使用者应当承担的数据质量保证义务等,对于促进数据产业健康发展,助力营造开放、健康、安全的数字生态具有积极意义。

市场监管总局公布五起网络不正当竞争典型案例[①]

(2025年6月27日)

为综合整治"内卷式"竞争、维护公平竞争市场秩序,推动平台经济健康发展,市场监管总局持续强化反不正当竞争。2024年部署开展网络反不正当竞争专项执法工作,2025年部署开展整治网络不正当竞争行为专项行动,有力整治扰乱市场正常秩序、妨碍市场有效运行的不正当竞争突出问题。为增强经营主体诚信守法、合规经营意识,

---

① 来源:国家市场监督管理总局网,https://www.samr.gov.cn/xw/zj/art/2025/art_0d043840ec9445a689496bcf30c94820.html。

进一步明确底线规则,现选取一批网络不正当竞争典型案例予以公布。

一、江苏省镇江市市场监督管理局查处镇江市微枫计算机软件有限公司利用网络技术实施不正当竞争案

案情介绍: 镇江市微枫计算机软件有限公司(下称当事人)自行研发并销售"w上货助手"和"w分销助手"等软件,可以提供商品信息数据"一键搬家""一键代发"等服务,在不同电商平台的服务市场上线运营并收取软件使用费。当事人在未经数据源电商平台及平台内经营者同意的情况下,利用该软件爬取购物平台商品信息数据,并一键上传至其他具有竞争关系的购物平台,构成对数据源平台及平台内经营者的实质性替代,妨碍和破坏了其他经营者合法提供的网络产品或服务正常运行,扰乱了互联网市场秩序,损害了其他平台经营者的合法权益。

法律依据及处罚: 当事人的行为违反了《中华人民共和国反不正当竞争法》第二条和第十二条第二款第(四)项的规定,依据该法第二十四条的规定,责令当事人停止违法行为,并综合裁量案件情节,处53万元罚款。

案件评析: 互联网为广大经营者提供了更为广阔的市场和发展空间,互联互通是互联网的基本属性,但并不代表网络上的数据就是公开数据。本案提示广大经营者,在电商竞争日益激烈的背景下,更要诚实守信,要在合法的范围内创新技术、开展市场竞争,在抓取网络数据时要注意合法边界,避免出现不正当获取、使用数据信息的违法行为,不得实施"搬家盗店""无货源经营"等损害竞争秩序、损害消费者权益的违法行为。

二、浙江省杭州市拱墅区市场监督管理局查处杭州谷邦网络科技有限公司妨碍、破坏其他经营者合法提供的网络产品或者服务正常运行案

案情介绍: 杭州谷邦网络科技有限公司(下称当事人)是一家品

牌维护机构,主营业务中包含对电商平台内销售相关品牌商品的店铺进行控价,维持品牌方价格体系。当事人为达到控价目的,针对不按要求调整价格的店铺,通过技术手段频繁批量购买商品并退货,造成相关店铺运费亏损、货物积压等经济损失。同时,根据电商平台规则,频繁批量购买商品并退货会对相关店铺造成搜索权重降低、交易机会减少、经营声誉降低等负面影响,导致相关店铺不得不按照当事人要求修改产品价格或者下架产品链接。

法律依据及处罚:当事人的行为违反了《网络反不正当竞争暂行规定》第十六条第(三)项及《中华人民共和国反不正当竞争法》第二条和第十二条第二款第(四)项的规定,依据《网络反不正当竞争暂行规定》第三十七条及《中华人民共和国反不正当竞争法》第二十四条的规定,责令当事人立即停止违法行为,并综合裁量案件情节,处20万元罚款。

案件评析:随着数字经济的发展,新型网络不正当竞争行为层出不穷。本案中当事人就利用了网络购物平台的退货规则和相关算法,通过频繁批量购买并退货的手段,导致相关店铺搜索降权、信用评级下调,妨碍和破坏了其他经营者合法提供的网络产品和服务的正常运行。这种行为突破了法律和商业道德的底线,滥用了消费者保护规则,扰乱了市场公平竞争秩序,损害了其他经营者的合法权益,应当依法予以惩处。

三、浙江省湖州市吴兴区市场监督管理局查处湖州凌迈网络科技有限公司帮助虚假宣传案

案情介绍:湖州凌迈网络科技有限公司(下称当事人)通过搭建刷单平台,接收网店客户刷单需求,通过平台向客户收取刷单商品本金及每单5元到6元的佣金,组织员工对客户网店的商品进行虚假交易,从而提高网店的成交量及好评率等,增加网店的曝光度。其中相关主犯已由司法机关依法处理。

法律依据及处罚：当事人的行为违反了《中华人民共和国反不正当竞争法》第八条第二款的规定，依据该法第二十条第一款的规定，责令当事人停止违法行为，并综合裁量案件情节，处39万元罚款。

案件评析：网络购物中，成交量和买家评论是消费者作出选择的重要参考因素。商家良好的信誉和商品好评可以更快获得消费者信赖。但良好的商誉要通过诚信守法经营逐渐建立，而不能通过非法手段，欺骗消费者获取。本案中，当事人帮助经营者虚构交易记录从而提升曝光度的违法行为不仅误导了消费者，也剥夺了其他经营者的竞争优势。本案涉案金额大、链条长，市场监管部门及时重拳出击，维护了公平竞争市场秩序。

四、重庆市两江新区市场监督管理局查处重庆潮玩秒拍电子商务有限公司实施混淆行为案

案情介绍：杭州某科技有限公司运营的"5E对战平台""5EPlay"应用软件在CS:GO游戏领域具有较高知名度，"5E"标识经长期使用已形成显著识别特征。重庆潮玩秒拍电子商务有限公司（下称当事人）开发运营名为"5EGAME开箱"的移动应用软件，提供《反恐精英·全球攻势》（CS:GO）游戏饰品开箱服务。当事人在未经授权的情况下，擅自在软件名称中使用与杭州某科技有限公司运营软件名称的核心部分"5E"高度近似的"5EGAME"标识。用户在相关应用商店搜索"5E"时，"5EPlay"与"5EGAME开箱"并列显示于前列，导致大量用户误认为两款软件存在关联。

法律依据及处罚：当事人的行为违反了《重庆市反不正当竞争条例》第六条第一款第（四）项及《中华人民共和国反不正当竞争法》第六条第（四）项的规定，依据《重庆市反不正当竞争条例》第三十五条第一款及《中华人民共和国反不正当竞争法》第十八条第一款的规定，责令当事人停止违法行为，并综合裁量案件情节，处50万元罚款。

案件评析:本案系查处网络游戏周边领域软件名称混淆行为的典型案例,当事人擅自使用高度近似的知名软件名称标识,攀附他人商誉误导用户获取交易机会,破坏了公平竞争秩序。市场监管部门及时规制此类"搭便车""傍名牌"获取竞争优势的行为,维护了企业合法权益、消费者权益和网络市场竞争秩序,也为治理跨平台、跨地域的新型网络不正当竞争行为提供了实践范例。

五、云南省瑞丽市市场监督管理局查处瑞丽市璞赢珠宝有限公司直播销售翡翠原石虚假宣传案

案情介绍:瑞丽市璞赢珠宝有限公司(下称当事人)通过在直播平台"拼享惠"小程序内注册名为"翠珠阁珠宝"的直播间从事翡翠原石直播销售活动。当事人利用橡胶林地野外自然环境进行直播,并由主播和扮演货主的人员在直播间里相互砍价,使消费者误认为该直播间销售的翡翠原石是由扮演货主的人员带来的一手货源,欺骗、误导消费者。

法律依据及处罚:当事人的行为违反了《中华人民共和国反不正当竞争法》第八条第一款的规定,依据该法第二十条第一款的规定,责令当事人停止违法行为,处20万元罚款。

案件评析:网络时代,宣传营销方式花样翻新,特别是直播带货过程中,销售场景更为丰富。本案中,当事人利用瑞丽边境城市地理区位,在直播中通过打造虚构场景、雇佣外籍人员进行演绎等,营造虚假送货买货、交易活跃的氛围,欺骗、诱导消费者与其进行交易,损害了消费者合法权益。本案的查处,警示了广大直播电商,要遵守法律和商业道德,在合法依规的前提下创新营销模式。同时,提示消费者在网络购物中,尤其是购买高价值商品时,加强甄别,防止被虚假信息误导,造成经济损失。